D1728693

Märchen und Fabeln

zum FRIEDEN

Jürgen Wagner

Impressum

© 2022 Jürgen Wagner

Druck und Verlag: epubli GmbH, Berlin
www.epubli.de
Titelbild: Allerleihrauh, Felicitas Kuhn

INHALT

III Fabeln und Tiermärchen

VORWORT

Wenn wir in unserer Zeit fragen, welchen Beitrag die Volksmärchen zum FRIEDEN leisten können, machen wir uns zuerst bewusst, dass ihre Bilder und Handlungen im kollektiven Erfahrungsschatz der Völker wurzeln. Die Märchen haben etwas zu sagen, weil sie in einer verschlüsselten Sprache altes Erfahrungswissen und Maßstäbe für unser Handeln weitergeben.

Das Wort selbst kommt nicht so häufig vor, auch ist der Friede selten ein Märchenthema. Wohl aber bestimmen Streit, Auseinandersetzung und Konflikte aller Art unser gemeinschaftliches und gesellschaftliches Leben – so auch in den Volksmärchen. Friede wird meist erst ganz am Ende, wenn die Heldenreise an ihr Ziel gekommen ist und das Drama seine Auflösung gefunden hat.

Sie herzten und küssten sich, und die Königin ging zu dem Könige, der ganz bestürzt war, und fing an zu reden und sagte: "Liebster Gemahl, nun darf ich sprechen und dir offenbaren, dass ich unschuldig bin und fälschlich angeklagt … ." Und die böse Schwiegermutter wurde zur Strafe auf den Scheiterhaufen gebunden und zu Asche verbrannt. Der König aber und die Königin mit ihren sechs Brüdern lebten lange Jahre in Glück und Frieden.[1]

Wenn sich am Ende alles löst, dann ist „Glück und Frieden". In solcher Harmonie enden viele Märchen und beschwören das, wonach wir Menschen uns zu-

---

[1] KHM 49.

tiefst sehnen: dass unsere Verwicklungen und Tragö-
dien sich eines Tages lösen, dass die Wahrheit ans
Licht kommt und das Böse überwunden wird und die
Menschen zufrieden und in Eintracht leben können.

Nehmen wir dieses Ende des Grimm'schen Märchens
„Die sechs Schwäne" einmal ernst, beinhaltet das,
dass *der ganze Weg* gegangen werden muss, wenn wir
dahin kommen wollen. Dazu kann gehören, dass man
sich einmal gründlich verirrt, dass man jemanden hei-
ratet, den man eigentlich gar nicht heiraten wollte,
dass man seine Geschwister verliert, dass man lange
schweigen muss, vielleicht sogar in Todesgefahr
kommt. Aber wenn die Zeit kommt, kann das Drama
möglicherweise gelöst werden.

Friede und Glück, die am Ende des Weges stehen
können, werden in manchen Märchen - wie hier - mit
friedfertigen Mitteln erreicht. Und dennoch steht daneben auch ein gewaltsamer Tod. Klar ist: es kann
kein Friede sein, wenn das Böse nicht eindeutig been-
det wird. Das bedeutet, dass die Schuldigen erkannt,
bestraft und oft sogar getötet werden. Erst dann ist
der Weg frei in ein neues Leben. Dann kann das kö-
nigliche Paar glücklich sein und dann kann auch im
Reich Frieden walten.
In einigen Fällen gibt es auch eine Versöhnung, die
aber nie selbstverständlich ist. Wenn die rechte Braut
wieder gefunden wurde, die Liebeshochzeit stattfin-
den kann und alle froh sind, darf sogar die falsche
Braut sich noch ‚zufrieden' geben:

Das ist meine rechte Braut", sprach der Trommler, "wenn ich die andere heirate, so tue ich großes Unrecht." Die Eltern, als sie hörten, wie alles sich zugetragen hatte, willigten ein. Da wurden die Lichter im Saal wieder angezündet, Pauken und Trompeten herbeigeholt, die Freunde und Verwandten eingeladen wiederzukommen, und die wahre Hochzeit ward mit großer Freude gefeiert. Die erste Braut behielt die schönen Kleider zur Entschädigung und gab sich zufrieden[2].

Friede wird nur selten mit Worten thematisiert, aber wenn das Böse überwunden, ist auch er da, ob ausgesprochen oder unausgesrochen. Als der Wolf tot ist, ging

Rotkäppchen ... fröhlich nach Haus, und von nun an tat ihm niemand mehr etwas zuleide.[3]

Der Märchenfrieden ist außen wie innen. Er zeigt sich, wenn die wahre Gestalt und das eigene Wesen wiedergefunden, wenn Verwandlung und Erlösung möglich werden. Äußerlich wird die Tiergestalt erlöst - aus einem ,Frosch' wird wieder ein Mann - , innerlich löst sich die Beklemmung des Herzens:

Noch einmal und noch einmal krachte es auf dem Weg, und der Königssohn meinte immer, der Wagen bräche, und es waren doch nur die Bande, die vom Herzen des treuen

---

[2] Der Trommler KHM 193.
[3] KHM 26.

Heinrich absprangen, weil sein Herr erlöst und glücklich war.[4]

Frieden ist auch mitten in der Gefahr und Not, wenn z.B. das Sterntalerkind zwar „von aller Welt verlassen", aber doch im Gottvertrauen hinaus in die Welt geht[5]. Friede liegt auch darin, wenn ein Mädchen in einem Trog mit ihrer Katze über das Meer fährt[6] oder ein Pferd die Tochter durch eine günstige Meeresströmung sicher zu der Insel bringt, wo sie den „Zauberstein Revessada" holt.[7] Niemals breiten Märchen den Seelenzustand ihrer Helden aus, aber die Bilder und der Glaube der Handelnden legen dem Hörer nahe, dass sie beschützt und geborgen sind.

So ist es auch bei Allerleirauh auf der Flucht vor ihrem Vater, die Zuflucht in einem hohlen Baumstamm findet:

Und weil sie müde war, setzte sie sich in einen hohlen Baum und schlief ein.[8]

So bestätigt das Märchen, was auch die Sprache weiß: dass Friede, Freude und Freundschaft miteinander verwandt sind und zusammengehören.[9]

---

[4] Der Froschkönig oder der eiserne Heinrich, KHM 1.
[5] KHM 153.
[6] Die Harfe, die über sieben Königreiche tönte, S. 29ff.
[7] Der Zauberstein Revessada, s. J. Wagner und H.C. Heim, Die beste Arznei, Berlin 2021, S. 76ff.
[8] KHM 65. S. das Titelbild von Felicitas Kuhn.
[9] S. S. 17f.

In christlicher und humanistischer Tradition hoffen wir immer auf eine gewaltfreie Lösung von Konflikten. Dazu wurde die GFK[10] entwickelt, lange davor die Diplomatie und Verhandlungen. „Wer das Schwert nimmt, wird durch das Schwert umkommen"[11], wird im Evangelium gewarnt. Die Gewaltspirale und die Unterdrückung zu beenden waren denn auch das Ziel Martin Luther Kings und Mahatma Gandhis, vieler Christen und Pazifisten. Das setzt allerdings eine starke und reife Persönlichkeit voraus, die zum Leiden und selbst zum Tode bereit sein muss. So wird denn auch von christlicher Lehre nicht gefordert, dass man staatliche Gewalt abschaffen soll, man soll sie respektieren[12]. Die europäischen Volksmärchen, die weitgehend die Welt des Mittelalters wiederspiegeln, gehen selbstverständlich davon aus, dass man Gewalt braucht, um das Unheil zu überwinden und das Böse zu beseitigen. Ebenso halten Märchen am karmischen Gesetz fest: der Mensch erntet, was er gesät hat[13]:

Als sie nun gegessen und getrunken hatten und guten Muts waren, gab der alte König der Kammerfrau ein Rätsel auf, was eine solche wert wäre, die den Herrn so und so betrogen hätte, erzählte damit den ganzen Verlauf und fragte: "Welchen Urteils ist diese würdig?" Da sprach die falsche Braut: "Die ist nichts Besseres wert, als dass sie splitternackt ausgezogen und in ein Fass gesteckt wird, das

---

[10] Gewaltfreie Kommunikation nach Rosenberg.
[11] Matthäus 26/52.
[12] S. Römer 13/1.
[13] Galater 6/7.

inwendig mit spitzen Nägeln beschlagen ist; und zwei wei-
ße Pferde müssen vorgespannt werden, die sie Gasse auf
Gasse ab zu Tode schleifen." - "Das bist du", sprach der
alte König, "und hast dein eigen Urteil gefunden, und da-
nach soll dir widerfahren." Und als das Urteil vollzogen
war, vermählte sich der junge König mit seiner rechten
Gemahlin, und beide beherrschten ihr Reich in Frieden und
Seligkeit.[14]

Die MärchenheldInnen brauchen Leidensbereitschaft, Disziplin, Geduld und Entschlossenheit. Die Gänsemagd hat ihre Tugend, ihre Schönheit und einen Windzauber, der ihr ermöglicht, sich zu schützen und eigentliche Bestimmung wieder zu finden. Immer wieder braucht es aber auch den jungen Mann, der dem Drachen mit seinem Schwert mit aller Kraft die Häupter abschlägt[15], die kluge Gretel, die die Hexe in den Ofen schiebt, um sich und ihren Bruder zu retten[16], das listige Rotkäppchen, dass dem auf dem Dach lauernden Wolf vor seiner Nase Würste kocht, so dass der Hungrige hinabrutscht, in den heißen Trog fällt und umkommt.[17] Eine gewaltfreie Welt kennen die Volksmärchen nicht, aber eine mit Brot und Schwert und vielerlei Mitteln erlöste Gemeinschaft und Gesellschaft.

Der Prinz aber war froh, dass er das Wasser des Lebens
hatte und ging heimwärts und wieder an dem Zwerg vor-

---

[14] KHM 89, Die Gänsemagd.
[15] Die zwei Brüder KHM 60.
[16] Hänsel und Gretel KHM 15.
[17] Rotkäppchen KHM 26.

14

bei. Als dieser das Schwert und das Brot sah, sprach er: „damit hast du großes Gut gewonnen, mit dem Schwert kannst du ganze Heere schlagen, das Brot aber wird niemals alle." ... (Er und seine Brüder) gerieten in ein Land, wo Hunger und Krieg war und der König glaubte schon, er sollte verderben in der Not; da ging der Prinz zu ihm und gab ihm das Brot, damit speiste und sättigte er sein ganzes Reich, und dann gab ihm der Prinz auch das Schwert und damit schlug er die Heere seiner Feinde und konnte nun in Ruhe und Friede leben.[18]

Um „in Ruhe und Frieden leben" zu können, so weiß das Grimm'sche Märchen vom „Wasser des Lebens", braucht es Brot und Schwert: die Menschen müssen haben, was sie zum Leben brauchen; wer hungert, kann schwerlich zur Ruhe kommen. Und wer Feinde hat, die einen bedrängen oder gar angreifen, kann ebenfalls nicht in Frieden sein.

Indessen kam es zu einem gewaltigen Krieg, wo der Kaiser hin musste und mit ihm viele Männer des Landes. Der junge Mann sagte, er wolle auch dort hin und verlangte nach einem Pferd aus dem Stall. Man sagte ihm, es gäbe noch eines, das auf drei Beinen gehe, das sollte schon gut genug für ihn sein. Er setzte sich auf das Pferd und das Pferd humpelte davon. Da kam ihm der wilde Mann entgegen und es tat sich ein gewaltiger Berg auf aus wohl 1000 Regimentern Soldaten und Offizieren. Und er bekam eine schöne Uniform und ein schönes Pferd. So zog er mit all seinem Gefolge in den Krieg. Der Kaiser empfing ihn sehr freundlich und bat ihn, er möge ihm doch beistehen. Er ge-

---

18 KHM 97.

wann die Schlacht und verscheuchte alle … . Nun ist der Krieg gewonnen und es herrscht ein wahrer Frieden".[19]

Die Motive und Hintergründe für Streit und Krieg werden besonders in den Tiermärchen und Fabeln sichtbar. Die Tiere dienen hier als Projektionsfläche für menschliche Eigenarten. So sind in diesem Buch auch eine Anzahl dieser Tiergeschichten vertreten. Mögen sie uns helfen, in unserer Zeit die Konflikte zu bewältigen, in denen wir stecken! Mögen sie uns auch helfen, selber zu dem Frieden zu kommen, den wir uns wünschen!

Meist werden die Märchen von religiösen Erzählungen und Mythen weit weggerückt - als ob sie nichts vom Seelenfrieden und innerer Glückseligkeit verstünden. Dass dem nicht so ist, belegt z.B. dieses rumänische Märchen:

Den Boten des Kaisers gelang es, „einen Schäfer zu finden, zu dessen Glück nichts zu fehlen schien. Derselbe hütete eben seine kleine Herde von Schafen ... . Bald spielte er auf der Flöte einige fröhliche Weisen, dann … tanzte und sprang (er), indem er dazu pfiff und schnalzte. … Ich bedarf und verlange nicht mehr, als ich habe", antwortete der Hirte jetzt kurz gefasst auf die verführerischen Reden des Kaiserboten, „ich bin vollkommen zufrieden bei meinen Schafen."[20]

---

[19] Der wilde Mann KHM 136a in Auflage 1-5, später Eisenhans KHM 136. Aus Jürgen Wagner, Märchen und Mythos, Berlin 2022, S. 55f.
[20] Das einzige Mittel, Märchen aus Rumänien, S. J. Wagner und H. C. Heim, Die beste Arznei, S. 19f.

I WORTBEDEUTUNG ‚FRIEDEN'

Das deutsche Wort ‚*Friede*" kommt aus der altgermanischen Wurzel ‚frido'. Darin steckt das Wort Freude. Verwandt ist es mit den Worten ‚frei' und ‚Freund'. Es meint also Verhältnisse oder einen Zustand, wo man nicht bedrängt ist, sondern froh und frei leben kann.

Im räumlichen Sinne ist es ein eingehegter, eingefriedeter Bereich wie z.b. der ‚Friedhof'. Im übertragenen Sinne meint es Verhältnisse, die ungestört und harmonisch sind, in denen eine gute Ordnung und gute Beziehung waltet: der Hausfriede, der Familienfriede, der Burgfriede, der Religionsfriede, der soziale Friede.

Im rechtlichen Sinne meint er ein Verhältnis der Völker, in denen man sich nicht bekriegt, sondern Handel miteinander treibt und gewaltlose Mittel der Konfliktlösung anwendet. Die Beziehungen sind vertraglich geregelt, z.b. auf Grund eines Waffenstillstandes, eine Friedensvertrages oder bi- und multilateraler Verträge.

Im religiösen Sinn ist ein geistiger Frieden gemeint, eine innere Ruhe - sei es, dass man mit Gott im Reinen ist oder einfach seine innere Unruhe überwunden hat. In englischer Sprache würde man sagen: one lives in a peaceful state of mind.

Die *romanische Wortwurzel* hat einen rechtlichen Hintergrund: das lateinische pax spielt auf die Pax Romana an, womit die (rechtlich) geordnete Gesellschaft angesprochen ist und die Abwesenheit von Krieg. Davon leiten sich z.B. das englische *peace ab*, das französische *paix*, das spanische *paz*, das italienische *pace*.

In den *semitischen Sprachen* (š-l-m) meint Friede einen heilvollen Zustand, der Gesundheit, Wohlfahrt, Sicherheit, Frieden und Ruhe einschließt. *Schalom* ist deshalb auch bis heute in Israel der gängige Gruß[21]
.

---

[21] S. 1. Samuel 25/5f.

III   MÄRCHEN VON FRIEDE, FREUDE UND FREUNDSCHAFT

DAS BESTE GEMÄLDE

Es war einmal ein König, der demjenigen Künstler einen großen Preis versprach, der das beste Bild vom *Frieden* malen würde. Bedeutende Maler sandten ihm von ihren vorzüglichsten Werken ein. Am eindrücklichsten war ein Bild, das einen ruhigen See zeigte, der friedlich die Berge spiegelte, die über ihm aufragten und deren Gipfel von Schnee bedeckt waren. Darüber erstreckte sich nur blauer, klarer Himmel mit Schäfchenwolken. Das Bild war perfekt. Die meisten Leute, die sich die Friedensbilder der verschiedenen Künstler ansahen, meinten, dass es das Beste unter allen sei.

Aber als der König den Sieger verkündete, waren alle schockiert. Das Bild, das den Preis gewann, hatte zwar auch einen Berg, aber der war rau und kahl. Der Himmel wirkte bedrohlich und ein Blitz durchfuhr ihn. Das sah überhaupt nicht friedlich aus. Es sah so aus, als hätte der Künstler versehentlich sein bestes Sturmgemälde eingereicht statt des Friedensbildes. Aber wenn jemand das Gemälde genau betrachtete, konnte er einen winzigen Busch sehen, der in einer Felsnische wuchs. Im Busch hatte ein Muttervogel ihr Nest gebaut. Inmitten des rauschenden Wassers und des stürmischen Wetters saß der Vogel völlig ruhig auf seinem Nest.

Friede bedeutet nicht, an einem Ort zu sein, an dem es keinen Lärm oder Ärger oder Arbeit gibt. Frieden bedeutet, inmitten all des Chaos zu sein und trotzdem ruhig im Herzen zu sein. Der wahre Frieden ist der Zustand des Geistes, nicht der Zustand der Umgebung. Der Muttervogel in ihrer Ruhe trotz der stürmischen Umgebung, war in der Tat die beste Darstellung des Friedens.[22]

---

[22] Autor unbekannt. Der englische Originaltitel lautet: *The real meaning of peace*. Übertragung vom Vf.

DIE SECHS SCHWÄNE

Es jagte einmal ein König in einem großen Wald und jagte einem Wild so eifrig nach, dass ihm niemand von seinen Leuten folgen konnte. Als der Abend herankam, hielt er still und blickte um sich, da sah er, dass er sich verirrt hatte. Er suchte einen Ausgang, konnte aber keinen finden. Da sah er eine alte Frau mit wackelndem Kopfe, die auf ihn zukam; das war aber eine Hexe.

"Liebe Frau", sprach er zu ihr, "könnt Ihr mir nicht den Weg durch den Wald zeigen?"

"O ja, Herr König", antwortete sie, "das kann ich wohl, aber es ist eine Bedingung dabei, wenn Ihr die nicht erfüllt, so kommt Ihr nimmermehr aus dem Wald und müsst darin Hungers sterben."

"Was ist das für eine Bedingung?" fragte der König.

"Ich habe eine Tochter," sagte die Alte, "die so schön ist, wie Ihr eine auf der Welt finden könnt, und wohl verdient, Eure Gemahlin zu werden, wollt Ihr die zur Frau Königin machen, so zeige ich Euch den Weg aus dem Walde."

Der König in der Angst seines Herzens willigte ein, und die Alte führte ihn zu ihrem Häuschen, wo ihre Tochter beim Feuer saß. Sie empfing den König, als wenn sie ihn erwartet hätte, und er sah wohl, dass sie sehr schön war, aber sie gefiel ihm doch nicht, und er konnte sie ohne heimliches Grausen nicht ansehen. Nachdem er das Mädchen zu sich aufs Pferd gehoben hatte, zeigte ihm die Alte den Weg, und der König gelangte wieder in sein königliches Schloss, wo die Hochzeit gefeiert wurde.

Der König war schon einmal verheiratet gewesen und hatte von seiner ersten Gemahlin sieben Kinder, sechs Knaben und ein Mädchen, die er über alles auf der Welt liebte. Weil er nun fürchtete, die Stiefmutter möchte sie nicht gut behandeln und ihnen gar ein Leid antun, so brachte er sie in ein einsames Schloss, das mitten in einem Walde stand. Es lag so verborgen und der Weg war so schwer zu finden, dass er ihn selbst nicht gefunden hätte, wenn ihm nicht eine weise Frau ein Knäuel Garn von wunderbarer Eigenschaft geschenkt hätte; wenn er das vor sich hinwarf, so wickelte es sich von selbst los und zeigte ihm den Weg.

Der König ging aber so oft hinaus zu seinen lieben Kindern, dass der Königin seine Abwesenheit auffiel; sie ward neugierig und wollte wissen, was er draußen ganz allein in dem Walde zu schaffen habe. Sie gab seinen Dienern viel Geld, und die verrieten ihr das Geheimnis und sagten ihr auch von dem Knäuel, das allein den Weg zeigen könnte. Nun hatte sie keine Ruhe, bis sie herausgebracht hatte, wo der König das Knäuel aufbewahrte, und dann machte sie kleine weißseidene Hemdchen, und da sie von ihrer Mutter die Hexenkünste gelernt hatte, so nähte sie einen Zauber hinein. Und als der König einmal auf die Jagd geritten war, nahm sie die Hemdchen und ging in den Wald, und das Knäuel zeigte ihr den Weg. Die Kinder, die aus der Ferne jemand kommen sahen, meinten, ihr lieber Vater käme zu ihnen, und sprangen ihm voll

Freude entgegen. Da warf sie über ein jedes eins von den Hemdchen, und wie das ihren Leib berührt hatte, verwandelten sie sich in Schwäne und flogen über den Wald hinweg. Die Königin ging ganz vergnügt nach Haus und glaubte ihre Stiefkinder los zu sein, aber das Mädchen war ihr mit den Brüdern nicht entgegengelaufen, und sie wusste nichts von ihm. Anderntags kam der König und wollte seine Kinder besuchen, er fand aber niemand als das Mädchen.

"Wo sind deine Brüder?" fragte der König.

"Ach, lieber Vater," antwortete es, "die sind fort und haben mich allein zurückgelassen," und erzählte ihm, dass es aus seinem Fensterlein mit angesehen habe, wie seine Brüder als Schwäne über den Wald weggeflogen wären, und zeigte ihm die Federn, die sie in dem Hof hatten fallen lassen und die es aufgelesen hatte. Der König trauerte, aber er dachte nicht, dass die Königin die böse Tat vollbracht hätte, und weil er fürchtete, das Mädchen würde ihm auch geraubt, so wollte er es mit fortnehmen. Aber es hatte Angst vor der Stiefmutter und bat den König, dass es nur noch diese Nacht im Waldschloss bleiben dürfte.

Das arme Mädchen dachte: Meines Bleibens ist nicht länger hier, ich will gehen und meine Brüder suchen. Und als die Nacht kam, entfloh es und ging gerade in den Wald hinein. Es ging die ganze Nacht durch und auch den andern Tag in einem fort, bis es vor Müdigkeit nicht weiterkonnte. Da sah es eine Wildhütte, stieg hinauf und fand eine Stube mit sechs kleinen

Betten, aber es getraute nicht, sich in eins zu legen, sondern kroch unter eins, legte sich auf den harten Boden und wollte die Nacht da zubringen. Als aber die Sonne bald untergehen wollte, hörte es ein Rauschen und sah, dass sechs Schwäne zum Fenster hereingeflogen kamen. Sie setzten sich auf den Boden und bliesen einander an und bliesen sich alle Federn ab, und ihre Schwanenhaut streifte sich ab wie ein Hemd. Da sah sie das Mädchen an und erkannte ihre Brüder, freute sich und kroch unter dem Bett hervor. Die Brüder waren nicht weniger erfreut, als sie ihr Schwesterchen erblickten, aber ihre Freude war von kurzer Dauer.

"Hier kann deines Bleibens nicht sein", sprachen sie zu ihm, "das ist eine Herberge für Räuber, wenn die heimkommen und finden dich, so ermorden sie dich."

"Könnt ihr mich denn nicht beschützen?" fragte das Schwesterchen.

"Nein", antworteten sie, "denn wir können nur eine Viertelstunde lang jeden Abend unsere Schwanenhaut ablegen und haben in dieser Zeit unsere menschliche Gestalt, aber dann werden wir wieder in Schwäne verwandelt." Das Schwesterchen weinte und sagte: "Könnt ihr denn nicht erlöst werden?"

"Ach nein", antworteten sie, "die Bedingungen sind zu schwer. Du darfst sechs Jahre lang nicht sprechen und nicht lachen und musst in der Zeit sechs Hemdchen für uns aus Sternenblumen zusammennähen. Kommt ein einziges Wort aus deinem Munde, so ist alle Arbeit verloren." Und als die Brüder das gesprochen hatten, war die Viertelstunde herum, und sie flogen als Schwäne wieder zum Fenster hinaus.

Das Mädchen aber fasste den festen Entschluss, seine Brüder zu erlösen, und wenn es auch sein Leben kostete. Es verließ die Wildhütte, ging mitten in den Wald und setzte sich auf einen Baum und brachte da die Nacht zu. Am andern Morgen ging es aus, sammelte Sternblumen und fing an zu nähen. Reden konnte es mit niemand, und zum Lachen hatte es keine Lust; es saß da und sah nur auf seine Arbeit. Als es schon lange Zeit da zugebracht hatte, geschah es, dass der König des Landes in dem Wald jagte und seine Jäger zu dem Baum kamen, auf welchem das Mädchen saß. Sie riefen es an und sagten: "Wer bist du?" Es gab aber keine Antwort. "Komm herab zu uns", sagten sie, "wir wollen dir nichts zuleid tun." Es schüttelte bloß mit dem Kopf. Als sie es weiter mit Fragen bedrängten, so warf es ihnen seine goldene Halskette herab und dachte sie damit zufriedenzustellen. Sie ließen aber nicht ab, da warf es ihnen seinen Gürtel herab, und als auch dies nicht half, seine Strumpfbänder, und nach und nach alles, was es anhatte und entbehren konnte, so dass es nichts mehr als sein Hemdlein behielt. Die Jäger ließen sich aber damit nicht abweisen, stiegen auf den Baum, hoben das Mädchen herab und führten es vor den König.

Der König fragte: "Wer bist du? Was machst du auf dem Baum?" Aber es antwortete nicht. Er fragte es in allen Sprachen, die er wusste, aber es blieb stumm wie ein Fisch. Weil es aber so schön war, so ward des Königs Herz gerührt, und er fasste eine große Liebe zu ihm. Er tat ihm seinen Mantel um, nahm es vor sich aufs Pferd und brachte es in sein Schloss. Da ließ er ihm reiche Kleider antun, und es strahlte in seiner Schönheit wie der helle Tag, aber es war kein Wort aus ihm herauszubringen. Er setzte es bei Tisch an seine Seite, und seine bescheidenen Mienen und seine Sittsamkeit gefielen ihm so sehr, dass er sprach: "Diese begehre ich zu heiraten und keine andere auf der Welt," und nach einigen Tagen vermählte er sich mit ihr.

Der König aber hatte eine böse Mutter, die war unzufrieden mit dieser Heirat und sprach schlecht von der jungen Königin. "Wer weiß, wo die Dirne her ist", sagte sie, "die nicht reden kann: Sie ist eines Königs nicht würdig" Über ein Jahr, als die Königin das erste Kind zur Welt brachte, nahm es ihr die Alte weg und bestrich ihr im Schlafe den Mund mit Blut. Da ging sie zum König und klagte sie an, sie wäre eine Menschenfresserin. Der König wollte es nicht glauben und litt nicht, dass man ihr ein Leid antat. Sie saß aber beständig und nähte an den Hemden und achtete auf nichts anderes. Das nächste Mal, als sie wieder einen schönen Knaben gebar, übte die falsche Schwiegermutter denselben Betrug aus, aber der König konnte sich nicht entschließen, ihren Reden Glauben beizumessen. Er sprach: "Sie ist zu fromm und gut, als dass sie so etwas tun könnte, wäre sie nicht stumm und könnte sie sich verteidigen, so würde ihre Unschuld an den Tag kommen." Als aber das dritte Mal die Alte das neugeborene Kind raubte und die Königin anklagte, die kein Wort zu ihrer Verteidigung vorbrachte, so konnte der König nicht anders, er musste sie dem Gericht übergeben, und das verurteilte sie, den Tod durchs Feuer zu erleiden.

Als der Tag herankam, wo das Urteil sollte vollzogen werden, da war zugleich der letzte Tag von den sechs Jahren herum, in welchen sie nicht sprechen und nicht lachen durfte, und sie hatte ihre lieben Brüder aus der Macht des Zaubers befreit. Die sechs Hemden waren fertig geworden, nur dass an dem letzten der linke Ärmel noch fehlte. Als sie nun zum Scheiterhaufen geführt wurde, legte sie die Hemden auf ihren Arm, und als sie oben stand und das Feuer eben sollte angezündet werden, so schaute sie sich um, da kamen sechs Schwäne durch die Luft daher gezogen. Da sah sie, dass ihre Erlösung nahte, und ihr Herz regte sich in Freude.

Die Schwäne rauschten zu ihr her und senkten sich herab, so dass sie ihnen die Hemden überwerfen konnte; und wie sie davon berührt wurden, fielen die Schwanenhäute ab, und ihre Brüder standen leibhaftig vor ihr und waren frisch und schön; nur dem Jüngsten fehlte der linke Arm, und er hatte dafür einen Schwanenflügel am Rücken. Sie herzten und küssten sich, und die Königin ging zu dem Könige, der ganz bestürzt war, und fing an zu reden und sagte: "Liebster Gemahl, nun darf ich sprechen und dir offenbaren, dass ich unschuldig bin und fälschlich angeklagt," und erzählte ihm von dem Betrug der Alten, die ihre drei Kinder weggenommen und verborgen hätte. Da wurden sie zu großer Freude des Königs herbeigeholt, und die böse Schwiegermutter wurde zur Strafe auf den Scheiterhaufen gebunden und zu Asche verbrannt. Der König aber und die Königin mit ihren sechs Brüdern lebten lange Jahre in Glück und Frieden.[23]

---

[23] KHM 49.

DIE HARFE, DIE ÜBER SIEBEN KÖNIGREICHE TÖNTE

Es waren einmal zwei arme Leute, sehr arme Leute, die lebten in einer kleinen, dunklen Hütte, weit hinten auf dem Grasplatz. Sie hatten aber drei Töchter. Als die nun fast herangewachsen waren, starben die Eltern. Sie hinterließen ihnen nichts als eine Kuh, ein Schaf, eine Katze und einen Waschtrog. Da teilten die Töchter so, dass die Älteste die Kuh bekam, die Mittlere das Schaf, die Jüngste aber bekam die Katze und den Waschtrog. Da zog die Jüngste aus, um sich einen Dienst zu suchen. Sie ging lange umher und fragte, doch niemand konnte sie brauchen. Endlich kam sie zum Königshof und fragte den König, ob er nicht eine Magd brauchen könne. Ja, das konnte er und er nahm sie in seinen Dienst.

Sie war so überaus lieblich. Dem Prinzen wollte sie nicht mehr aus dem Sinn und er wollte sie unbedingt zur Frau haben. Aber der alte König sagte nein, denn sie war arm, sie besaß nichts. „Du bekommst ihn niemals, es sei denn, du bringst mir ein goldenes Schaf", sagte er. Sie war untröstlich. „Woher soll ich denn ein goldenes Schaf bekommen?" Sie ging hinunter zum Meer, setzte sich nieder und weinte bitterlich. Aber die Katze tröstete sie: „Sei still, sei still, wir werden schon Rat schaffen." Sie schob den Trog hinaus, sie stiegen ein und segelten übers Meer. Als es Abend war, kamen sie zu einem Ort, wo ein Riese wohnte.

„Wo willst du denn noch hin, kleines Mädchen?" fragte der Riese.

„Ich will dienen", sagte sie.

„Was kannst du denn?" fragte der Riese.

„Ich kann das Vieh versorgen", sagte sie.

„Das ist ja gut", sagte der Riese, denn gerade so jemanden suchte er. Er führte sie zum Stall und dort standen drei goldene Schafe in einem Koben. „Nun bin ich gerettet", dachte sie und versorgte die Tiere so gut sie nur konnte.

Der Riese war schon schwer abendmüde und legte sich nieder. Sie aber saß noch an der Feuerstelle.

„Nun sollst du dich auch niederlegen, kleine Magd!"

„Wir pflegen noch am Feuer zu sitzen und die Glut zu schüren", sagte sie, nahm den Schürhaken und stocherte damit in den brennenden Holzscheiten. Der Riese aber war gleich eingeschlafen und schnarchte, dass es nur so dröhnte. Da lief sie zum Stall, band ein goldenes Schaf los, führte es zu ihrem Waschtrog am Meer und gemeinsam mit ihrer Katze segelte sie heimwärts, dass es nur so brauste. Als der Riese erwachte, hatte sie den Königshof erreicht und gab dem König das Goldschaf. Und dem Prinzen war so froh zumute, denn er glaubte, dass er sie nun bekommen würde. Allein der König spottete seines eigenen Wortes: „Du bekommst ihn erst, wenn du mir eine Goldbettdecke bringst!"

Sie war sehr bekümmert, ging hinunter zum Meer, setzte sich nieder und weinte. Aber die Katze tröstete sie: „Sei still, sei still! Wir werden schon Rat schaffen!" Sie schob den Trog hinaus, sie stiegen ein und segelten aufs Meer hinaus. Der Trog sputete sich und es war, als ob er den Weg selbst wüsste. Am Abend kamen sie dorthin, wo ein Riese wohnte.

„Wo willst du denn noch hin, kleines Mädchen?" fragte der Riese.

„Ich will dienen", sagte sie.

„Was kannst du denn?" fragte der Riese.

„Ich kann Betten machen", sagte sie.

„Das ist ja gut", sagte der Riese, denn gerade so jemanden brauchte er. Er dingte sie und führte sie ins Haus und dabei kamen sie an einer Kammer vorbei, in der drei Goldbettdecken hingen. „Nun bin ich gerettet, dachte sie, richtete das Bett für den Reisen so schön, wie sie nur konnte und setzte sich zu ihm ans Feuer. Der Riese war schon schwer abendmüde und sagte: „Nun sollst du dich auch niederlegen, kleine Magd."

„Wir pflegen noch am Feuer zu sitzen und die Glut zu schüren", sagte sie, nahm den Schürhaken und stocherte in der Glut. Kaum hatte sie das ausgesprochen, war der Riese schon eingeschlafen und schnarchte so sehr, dass es in der Hütte dröhnte. Sie aber eilte zu dem Kämmerchen, ergriff eine Goldbettdecke, sprang hinunter zum Meer und segelte fort.

Sie erreichte den Königshof als es tagte, ging hinein zum König und zeigte ihm die Goldbettdecke. Aber er spottete wieder seines eigenen Wortes: „Den Prinzen bekommst du niemals, es sei denn, du schaffst eine goldene Harfe herbei, die über sieben Königreiche tönt. Und kannst du das nicht, verlierst du dein Leben." Der Prinz war außer sich: „Dann nimm auch mein Leben!" sagte er und begehrte sie immer mehr, je mehr er sie nicht haben sollte. So zog er aus und wollte ihr folgen, aber der König sperrte ihn in den Keller. Bringe sie nicht die Harfe, so solle er nie mehr herauf kommen, sagte er.

Ihr war so schlimm zumute. „Woher soll ich eine Harfe bringen, die über sieben Königreiche tönt?" Sie ging hinunter zum Meer, setzte sich nieder und weinte. Aber die Katze, die alte Trösterin, setzte sich dich neben sie. „Sei still, sei still, wir werden schon Rat schaffen." Sie schoben den Trog wieder hinaus, stiegen hinein und segelten über das Meer. Am Abend kamen sie dahin, wo ein Riese wohnte.

„Wo willst du denn noch hin, kleines Mädchen" fragte der Riese.

„Ich will dienen", sagte sie.

„Was kannst du denn?" fragte der Riese.

„Ich kann Türen auf- und zuschließen", sagte sie.

„Das ist ja gut", sagte der Riese, denn gerade so jemanden brauchte er. Er reichte ihr einen Schlüsselbund und sie schloss nun eine Tür nach der anderen auf, bis sie die letzte erreichte. Aber da wurde es schwierig, die ging nicht auf, so viel sie auch rüttelte und schüttelte. „Hier muss etwas Kostbares darin sein mit diesem grimmigen Schloss davor." Schließlich ließ sich die Türe doch öffnen und da lag eine Goldharfe auf dem obersten Wandbrett. „Nun bin ich gerettet", dachte sie und war so froh.

Sowie sie Abendbrot gegessen hatten, legte sich der Riese nieder. „Nun sollst du dich auch niederlegen, kleine Magd!" sagte der Riese.

„Wir pflegen noch am Feuer zu sitzen und die Glut zu schüren", sagte sie, ergriff den Schürhaken und stocherte in der Glut. Kaum hatte sie es ausgesprochen, da schnarchte er, dass sie glaubte, das Haus stürze zusammen. Sie aber sputete sich und lief nach der Harfe. Aber die lag so hoch auf dem Regal, dass sie die nicht erreichen konnte. „Ich werde hinaufspringen und sie dir hinunter schieben", sagte die Katze. „Aber wenn du an die Saiten rührst, dann erwacht der Riese."

„Du darfst nie den Mut verlieren", sagte die Katze, sprang hinauf und schob die Harfe in den Überrock des Mädchens so geschickt nach unten, dass sie nicht tönte. Die Jüngste ließ den Schlüsselbund dort und trug die Harfe ganz vorsichtig zum Meer hinunter. Aber als sie eine Weile gesegelt waren, konnte sie es nicht mehr aushalten, sie wollte hören, wie die Harfe klang. Sie brachte die Saiten zum Klingen und die Harfe machte eine Musik, die war sehr schön und klang über sieben Königreiche. Aber davon erwachte der Riese.

„Wer ist es, der meine Harfe gestohlen hat?" brülle er und lief ihr nach. Er watete ins Meer, dass Wellen um ihn standen wie Berge. Und immerfort tönte die Harfe.

„Wer ist es, der meine Harfe gestohlen hat?" heulte er und hörte nicht auf zu schreien. Aber er konnte sie nicht erreichen und plötzlich wurde das Wasser so tief, dass er ertrank.

Der König erwachte vom Harfenton. Er konnte nicht verstehen, was das für eine Musik sei, das da so hold und lieblich klang. Er eilte hinter zum Meer und da kam sie angesegelt. Als sie ihm die Goldharfe überreichte, empfing er sie so freundlich, wie er nur konnte. „Ja, nun magst du meinen Sohn haben", sagte er, schloss die Kellertüre auf und holte sogleich den Prinzen herauf. Und dann wurde die Hochzeit mit großer Freude gefeiert und dabei ertönte die Harfe, dass man es über sieben Königreiche hörte.[24]

---

[24] K. Wolf-Feurer, Von Tussen und Trollen, Stuttgart 1975. Erzählfassung Heidi Christa Heim.

VARENKA

Vor langer Zeit lebte in den weiten Wäldern Russlands eine Frau, die hieß Varenka. Sie besaß nicht viel, war aber zufrieden mit dem, was sie zum Leben brauchte: einen Tisch, Stühle, Kästen für Brot, Käse und Geschirr, einen Ofen, der sie wärmt und ein Bett für die Nacht. Meist war sie allein, denn es kam selten jemand bei ihr vorbei.

Eines Tages kamen Leute zu ihr und riefen aufgeregt: "Varenka, komm schnell. Im Westen wütet ein Krieg und die Soldaten kommen jeden Tag näher. Pack deine Sachen und flieh mit uns, bevor dir etwas zustößt!" Varenka erschrak. Sie überlegte. Aber dann sagte sie: „Wer soll die Menschen bewirten, die in diese Gegend kommen und wer soll ihnen den Weg weisen? Und wer wird sich um die Tiere und Vögel kümmern, wenn der Winter kommt mit Eis und Schnee? Nein, ich muss bleiben! Aber geht ruhig, Gott möge euch beschützen!"

Da eilten die Leute weiter und Varenka blieb allein zurück. Sie stand ganz still und lauschte. Jetzt hörte sie auch das Donnern der Kanonen in der Ferne. Sie verriegelte die Tür, kniete vor der Ikone nieder und bat Gott, um ihr Haus eine Mauer zu bauen.

Es wurde Abend. Die Kanonen verstummten und Friede lag über dem Wald. Varenka ging schlafen. Als sie am nächsten Morgen hinausschaute, war keine Mauer um ihr Haus. So ging sie in den Wald, Reisig sammeln, um Feuer machen zu können. In der Ferne hörte sie wieder die Kanonen. Sie waren schon etwas lauter als gestern. „Ach", seufzte sie, „was wird aus mir und meinem Haus?" Gegen Abend kehrte sie mit viel Reisig zurück. Nicht lange, da pochte es an die Tür. Als sie öffnete, stand ein alter Mann mit einer kleinen Ziege an ihrer Tür. Sie erkannte Pjotr, den Ziegenhirt und fragte: "Was machst du hier im Wald? Warum bist du nicht zu Hause?" Pjotr erzählte: „Die Soldaten haben meine Hütte niedergebrannt und mir alles genommen, außer dieser kleinen Ziege und meinem Instrument. Bitte nimm uns in dein Haus, denn bald kommt die Nacht." Da nahm Varenka Pjotr und die kleine Ziege ins Haus, ließ ihn sich am Ofen wärmen und gab ihm eine heiße Suppe. Bevor sie sich schlafen legten, lauschte sie wieder in die Ferne. Der Kanonendonner war noch etwas lauter, und wieder kniete Varenka vor der Ikone und betete zu Gott: „Bitte, komm schnell und baue eine Mauer um mein Haus, damit die Soldaten vorbeigehen und Pjotr, mich und die kleine Ziege nicht sehen werden!" Die Nacht kam und wieder verstummten die Kanonen und alles war still. Die Blumen falteten ihre Blütenblätter, die Tiere in den Bäumen und Höhlen kuschelten sich zusammen und schliefen ein. Auch Varenka und Pjotr fielen in einen tiefen Schlaf.

Früh am Morgen schaute Varenka aus dem Fenster: um ihr Haus war wieder keine Mauer und sie fühlte sich so schutzlos wie am Tag zuvor. So ging sie in den Wald, um Pilze und Kräuter zu sammeln. Da entdeckte sie einen jungen Mann, der in einem hohlen Baum schlief. „Wach auf!" rief Varenka. „Hier kannst du nicht schlafen! Die Soldaten werden dich

hier finden. Hörst du die Kanonen nicht?"
„Doch!" antwortete der junge Mann, „ich floh hierher in den Wald, weil Soldaten unsere Dörfer zer-
stört und unsere Felder niedergebrannt haben. In
diesem Baum hab ich Schutz gefunden." Varenka
seufzte: „Du Armer! Komm mit zu mir – da kannst
du bleiben!" Er war ein Maler und hieß Stjepan. Er
hatte nur ein Bild und einen Topf mit einer weißen
Blume, das war alles, was ihm geblieben war. So waren sie nun schon zu dritt. Am Abend knieten Varenka, Pjotr und Stjepan vor der Ikone nieder und
beteten im Stillen. Und Varenka sprach in ihrem
Herzen: „Bitte, lieber Gott, komm schnell und baue
eine Mauer um das Haus, damit die Soldaten uns
nicht finden können!"

Die ganze Nacht über lag Friede über dem Wald und
dem Haus. Nur eine Eule rief und ein paar Wölfe
heulten in die Nacht. Gegen Morgen schaute Varenka aus dem Fenster. Aber keine Mauer stand um ihr
Haus. Da ergriff sie große Angst. An diesem Tag
schob Varenka viel Holz in den Ofen und begann,
Brot zu backen. Während sie den Teig knetete, hörte
sie jemanden leise weinen. Sie schaute zum Fenster
hinaus und sah ein kleines Mädchen, das bitterlich
weinte. In den Armen hielt es eine Taube. Erschrocken fragte Varenka: „Liebes Kind, was machst du so
alleine hier im Wald? Hörst du nicht den Lärm der
Kanonen? Du solltest bei deinen Eltern sein." „Ach"
schluchzte das Mädchen. „Ich bin ganz allein, habe
nur noch diese Taube. Ich habe Vater und Mutter auf
der Flucht verloren. Da bin ich in den Wald gerannt.

Und bei dir roch es so gut nach frischem Brot! Das macht mich hungrig".

„Komm herein!" sagte Varenka. „Wir sind hier jetzt eine kleine Familie und du bist die Jüngste bei uns. Bleib hier, bis wir deine Eltern wieder gefunden haben!"

Das Mädchen hieß Bodula. Varenka nahm sie auf, gab ihr frisches Brot und Tee und die Taube pickte die Krumen, die ihr Bodula hinstreute. Den ganzen Tag lang hörten sie im Hintergrund die Schüsse der Kanonen und hatten Angst. Schließlich nahm Pjotr seine Balalaika und begann zu spielen. Stjepan, Varenka, Pjotr und Bodula sangen dihre azu russische Weisen. Als sich der Tag neigte und der Mond aufging, war Frieden in ihren Herzen. Und wieder beteten sie vor dem Schlafengehen und Varenka sprach: „Lieber Vater im Himmel, heute Nacht musst du kommen und eine Mauer bauen, die so hoch ist, dass kein Soldat mein Haus sieht; dann sind wir alle gerettet, der Maler und seine Blume, der Hirt und seine Ziege, das Kind mit seiner Taube und ich. Aber ich fürchte, es ist schon sehr spät; morgen werden die Soldaten hier sein und wir sind alle verloren."

Auch in dieser Nacht war es sehr still. Und in der stillsten Stunde war ein leiser Ton um Varenkas Haus. Varenka öffnete vorsichtig das Fenster und sah, dass Schnee fiel. So dicht war er schon gefallen, dass der Schnee bis zum Fenstersims reichte. Varenka schloss leise den Laden, fiel auf die Knie und dankte. Es schneite die ganze lange Nacht und im Morgengrauen war Varenkas kleines Haus ganz von Schnee bedeckt.

Am Mittag kamen die Soldaten. Sie zogen mit viel Lärm durch den Wald und suchten nach Feinden. In dem kleinen Haus saßen alle still und dicht beisammen. Die Soldaten waren schon ganz nah beim Haus und sie hörten ihre Stimmen. Aber - sie gingen vorüber und ihre Stimmen verloren sich langsam in der Ferne. Sie hatten Varenkas kleines Haus nicht gesehen, weil es tief im Schnee versteckt war. Stjepan, Pjotr, Bodula und Varenka dankten von Herzen, dass sie gerettet waren. Die Soldaten aber zogen weiter und es gab keinen Krieg mehr in diesem Teil Russlands.

Als der Schnee schmolz, traten sie vor das Haus. Die Taube flatterte in die Lüfte, die Ziege machte übermütige Sprünge und Stjepan pflanzte seine Blume vor Varenkas Haus. Der Frühling kam. Bodula fand ihre Eltern wieder und ging mit ihnen zurück ins Dorf. Die Ziege hatte ein Zicklein. Aus den Samen der weißen Blume wuchsen neue Blumen. Die Taube flog weit fort, um der Welt zu verkünden, dass der Friede wieder eingezogen war. Und Stjepan, weil er ein Künstler war, malte einige Bilder, um die Geschichte zu erzählen, wie Gott einst eine Mauer um Varenkas kleines Haus gebaut hatte.[25]

---

[25] Bernadette Watts, Varenka, nach einer russischen Legende, 1971, Erzählfassung: J. Wagner.

WARUM ES KEINEN KRIEG GEBEN DARF

Zwischen zwei Völkern drohte ein Krieg auszubrechen. Auf beiden Seiten der Grenze lagerten sich die Heere. Auf beiden Seiten schickten die Feldherrn Kundschafter aus. Sie sollten herausfinden, wo man am leichtesten in das Nachbarland einfallen könnte. Beide Kundschafter kehrten zurück und berichteten ihren Feldherrn dasselbe: „Es gibt nur eine einzige Stelle an der Grenze, wo wir in das andere Land einfallen können. Überall sonst sind hohe Gebirge und tiefe Flüsse. An dieser Stelle aber, wo wir einfallen könnten, hat ein Bauer sein Feld. Er wohnt dort in einem kleinen Haus mit seiner Frau. Sie haben sich lieb und sind glücklich, weil sie gerade ein Kind bekommen haben. Ja, es heißt, sie seien die glücklichsten Menschen der Welt!

Wenn wir über das kleine Feld ins Feindesland einmarschieren, zerstören wir das Glück. „Also", so sagten die Kundschafter, „kann es keinen Krieg geben" Das sahen die Feldherrn dann auch wohl oder übel ein, und der Krieg fand nicht statt - wie jeder Mensch begreifen wird.

DIE KÖNIGSTOCHTER VON FRANKREICH

Es war einmal ein König von Frankreich, der hatte drei Sessel, einen von Gold, einen von Silber und einen von schwarzem Samt. Wenn er heiter war, dann setzte er sich auf den goldenen Sessel, war es ihm nur „so lala", dann setzte er sich auf den silbernen, und wenn er traurig war, setzte er sich auf den Sessel von schwarzem Samt. Dieser König hatte drei Töchter, aber keinen Sohn. Eines Tages kam die älteste Tochter zu ihm und sah ihn auf dem schwarzen Samtsessel sitzen. „Papa", sagte sie zu ihm, „was hast du, bist du traurig?" „Ja, meine liebe Tochter", antwortete er, „denke dir, der König von Spanien hat mir den Krieg erklärt, und ich habe keinen Sohn, der gegen ihn kämpfen könnte. Ich selber bin alt und kann nicht mehr in den Krieg." „Oh", sagte die Tochter, „sei ganz ohne Sorge. Ich ziehe gegen ihn in den Krieg." Sie tat ihre Ohrringe ab, schnitt sich das Haar kurz und legte Männerkleidung an; dann zog sie mit der Armee fort. Sie waren aber noch nicht weit gegangen, als sie an einen breiten Graben kamen. Sie sagte zu dem Schilf:

„Stich nicht, Schilf, lass mich passieren,
denn ich muss noch weit marschieren."

Die Schilfgräser aus dem Graben aber antworteten:

„Wir wenden uns nich`. Wir wenden uns nich`,
Tod und Verderben erwarten dich!"

Da erschrak sie und kehrte eilig um. Nun ging die mittlere Tochter zum Vater, und als sie den König auf dem schwarzen Samtsessel sitzen sah, fragte sie ebenfalls: „Was fehlt dir, Papa, warum bist so traurig?"

„Ach, meine liebe Tochter, der König von Spanien hat mir den Krieg erklärt, und ich habe keine Söhne, die mit ihm kämpfen könnten."

„Sei nicht traurig!" sagte die Tochter, „dann gehe ich." Sie nahm ihre Ohrringe ab, schnitt das Haar kurz und legte Männerkleidung an; dann ging auch sie weg und kam an den Graben und sagte:

„Stich nicht, Schilf, lass mich passieren,
denn ich muss noch weit marschieren."

Das Schilf legte sich nieder, und sie ging mutig vorwärts. Später kam sie an einen Berg von Eisen und sagte:

„Stich nicht, Eisen, lass mich passieren,
denn ich muss noch weit marschieren."

Das Eisen antwortete:

„Wir stechen dich, wir stechen dich,
Tod und Verderben warten auf dich."

Sie erschrak und kehrte um.

Nun ging die jüngste Tochter zum König und fragte: „Papa, was hast du, immer sitzt du auf dem schwarzen Stuhl und bist traurig." „Ach, meine liebe Tochter, der König von Spanien hat mir den Krieg erklärt, und ich habe keine Söhne, um sie ihm entgegenzuschicken." „Sei ruhig", sagte die Jüngste, sie war zugleich die Schönste. „Dann will ich gehen", und sie tat ihre Ohrringe ab, schnitt sich das Haar kurz und legte Männerkleidung an.

Dann ging sie fort, und auch sie kam an den Schilfgraben und sagte zum Schilf:

„Stich nicht, Schilf, lass mich passieren,
denn ich muss noch weit marschieren."

Auch da konnte sie ungehindert durch und erreichte mit ihrer Armee Spanien. Der König von Spanien war ein Jüngling, und als er sie sah, ging er zu seiner Mutter und sagte:

„Der König von Frankreich hat keine Söhne,
wen schickte er mir in den Krieg?
Das ist eine Junge, das ist eine Schöne,
mir scheint es ein Mädchen zu sein."

„Ein Mädchen, ach, lieber Sohn, das ist gar nicht möglich", sagte die Mutter. Aber er erwiderte: „Doch, das ist eine Frau, und ich will mich nicht mit einer Frau schlagen und mit ihr Krieg führen."

„Weißt du was", sagte die Königin, „morgen machst du Waffenstillstand und lädst sie ein, zu uns zu kommen und mit uns zu essen. Wir richten einen Tisch mit Speisen. Ist es ein Mann, so wird er sich

Brot schneiden und scharfe Sachen essen, ist es eine Frau, so wird sie zu den Süßigkeiten und Delikatessen greifen." - „Ja, Mutter", antwortete der Sohn, „aber zuerst werde ich sie durch den Garten führen, und wenn sie einen Blumenstrauß pflückt, so ist es ein Mädchen. Dann gehe ich mit ihr in die Kaserne, und wir werden uns das Heer ansehen und die Kranken. Wenn sie diese bedauert, ist sie eine Frau."

Und so geschah es. Aber als sie durch den Garten gingen und er sie aufforderte, Blumen zu pflücken, lachte sie und sagte:

„Tut das ein Mann? Das sind Dinge für Frauen."

Dann traten sie an den Tisch mit den vielen Speisen. Sie sah die Kuchen und Puddings nicht an, sondern schnitt sich ein Brot und ein großes Stück Fleisch. Als sie durch die Kaserne gingen, sah sie nicht die Verwundeten und die Soldaten, sondern ging zu den Kanonen und sagte: „Was für schöne Kanonen!"

„Siehst du wohl", sagte die Mutter, „ich hatte recht, es ist kein Mädchen." Aber der König von Spanien schüttelte den Kopf und sagte:

„Der König von Frankreich hat keine Söhne,
wen schickt er mir in den Krieg?
Es ist eine Junge, es ist eine Schöne,
mir scheint es ein Mädchen zu sein.
Ich will nicht mit einem Mädchen Krieg führen."

Und darum machte er noch am selben Tag Frieden, und die Königstochter von Frankreich zog in ihre Heimat.

Nach einiger Zeit wollte der König von Spanien den König von Frankreich besuchen, um sich nach der Königstochter umzusehen. Als es nun hieß, dass der König von Spanien im Anmarsch sei, was tat die Königstochter? Oh, sie war schlau! Sie schnitt sich ihre Haare und zog die Männerkleider über, aber sie vergaß, die Ohrringe abzunehmen. Ihr Vater setzte sich auf den Sessel von Gold, denn nun war er sehr zufrieden. Sie aber stieg auf ein Ross und ritt dem König in Soldatenkleidern entgegen.

Aber als er sie erblickte, umarmte er sie und sagte: „Ich habe recht gehabt, du bist ein Mädchen, denn du trägst Ohrgehänge."

Und dann sagte er ihr, dass er sie liebe. Und da auch sie ihn wollte, denn er war schön wie die Sonne, feierten sie Hochzeit. Sie machten Hochzeit mit großer Pracht.[26]

---

[26] Aus Svende Merian, Der Mann aus Zucker, Ein Märchenbuch, 1985.

DER KAISER ALS SCHWEINEHALTER

War einmal ein Kaiser, dessen Macht zu seiner Zeit kaum seinesgleichen kannte. Er hatte mit vielen Feinden Krieg geführt und sie alle überwunden, so dass er bei allen seinen Nachbarn als unüberwindlich galt. Wie aber alles einmal ein Ende hat, so auch die Herrlichkeit dieses mächtigen Kaisers. Das Glück hatte ihn, da er wieder einmal mit einem seiner Nachbarn Krieg führte, verlassen, und er wurde so vollständig geschlagen, dass er weder Reich noch Zepter mehr behaupten konnte und so, wie er ging und stand, entfliehen musste. Nichts von allen seinen Reichtümern und unermesslichen Schätzen konnte er mit sich nehmen als seine einzige Tochter. Die folgte ihm, so arm wie er selbst war, in die Welt hinaus. Und da er von nun an nicht wusste, wie er sein Brot verdienen sollte, denn er hatte natürlich nichts gelernt, so musste er die Mildtätigkeit der Leute ansprechen und betteln. Nachdem er lange so umhergewandert war, gelangte er endlich in eine Stadt, die eben ihren Schweinehalter entlassen hatte. Er meldete sich deshalb beim Senat, bat um diesen Dienst und wurde wirklich als städtischer Schweinehalter angestellt. Auch dieses niedrigste aller Geschäfte hätte er nicht versehen können, wenn er nicht für sich noch ein paar Leute angenommen hätte, welche den Dienst verstanden und die er mit einem Teil seines Lohnes bezahlte. So hatte er einige Monate sein Leben hingebracht, da kam einmal zufällig ein fremder Prinz in die Stadt. Es war der Sohn jenes Kaisers, der ihn einst besiegt und aus seinem Reiche vertrieben hatte, was aber weder der

Prinz noch der vertriebene Kaiser wussten, da sie sich gegenseitig nie gesehen hatten. Wie es nun ging, erzählt die Geschichte nicht, aber der Prinz, welcher zufällig die Tochter dieses städtischen Schweinehalters sah, fand sehr großes Wohlgefallen an ihr, so dass er bei sich beschloss, nie eine andere zur Frau zu nehmen als eben diese. Als er zu seinem Vater, dem alten Kaiser, zurückkam, erzählte er ihm von der Schönheit jener Schweinehalterstochter und dass er willens sei, sie zu heiraten. Hierüber erzürnte sich der alte Herr, schalt den Prinzen dieser beabsichtigten niedrigen Verbindung wegen, wozu er, solang er lebe, ihm nie seine Einwilligung geben werde. Der Prinz betrübte sich wohl hierüber, ließ sich aber doch dadurch von seinem Vorsatz nicht abbringen. Und da er hartnäckig und fest darauf bestand, dieses Mädchen und kein anderes zu heiraten, so gab der Vater endlich nach und ließ ihn ziehen, damit er sie als seine Frau heimführen möge.

Als der Prinz vor den Vater seiner Geliebten trat und ihm sagte, dass er gekommen sei, um seine Tochter als Frau abzuholen, schwieg dieser einen Augenblick, ohne weiter über diesen Antrag aus der Fassung zu kommen, alsdann hub er an: „Gut, Herr, dein Antrag ist für mich eine große Ehre; allein ehe ich meine Einwilligung zu einer Verbindung zwischen dir und meiner Tochter gebe, sollst du mir sagen, wer du eigentlich bist und wovon du lebst." Hierüber lächelte der Prinz, wie sich wohl denken lässt, denn wie sollte ein Prinz und Kaiserssohn nicht zu leben haben? Dann sagte er dem Alten, wer er eigentlich sei und dass er die sichere Anwartschaft habe, einmal Erbe eines großen Kaiserreiches zu werden. Wenn ihm dies nicht genüge, fuhr er dann weiter fort, so möge er wissen, dass sein Vater vor einiger Zeit noch ein zweites mächtiges Reich erobert und den Kaiser davon verjagt habe.

„Dies mag alles sein, junger Herr", entgegnete hierauf der Alte wieder, „aber es ist mir nicht genug, denn ich gebe meine Tochter keinem, der sich nicht auf ein Handwerk versteht, mit dem er sich und seine Frau erhalten kann." Gegen diese Ansicht, bei welcher der Vater des Mädchens fest blieb, waren alle Gegenvorstellungen des Prinzen fruchtlos, weshalb dieser nichts Besseres zu tun wusste, als nach der Stadt zu irgendeinem Meister in die Lehre zu gehen, wenn er nicht auf die Hand des Mädchens Verzicht leisten wollte, das er nicht mehr aus dem Sinn bringen konnte.

Er gedachte dort dasjenige Gewerbe zu wählen, welches am schnellsten erlernt sein würde. Deshalb ging er zuerst zu einem Schuhmacher. Dies Gewerbe wollte ihm aber nicht gefallen, denn es hätte ihm viel zu lange gewährt, bis er Meister darin geworden wäre; darum ging er zu einem Kürschner. Dieser konnte ihm aber auch nicht versprechen, ihn die Kürschnerei sehr bald zu lehren, und riet ihm deshalb, als ihn der Prinz darum befragt hatte, einen Korbmacher an, da sich Korbmacher wohl unter allen Gewerben am schnellsten lernen lasse. Dies gefiel dem Prinzen, und er suchte also einen Korbmacher auf, von dem er seine Kunst in ein paar Wochen erlernte, worüber er nicht wenig vergnügt war.

Kaum hatte er seine erste Arbeit fertig, so beschenkte er seinen Meister und eilte fort, um den alten Vater seines geliebten Mädchens aufzusuchen und ihm zu zeigen, dass er bereits ein Gewerbe gelernt habe. Unterwegs schnitt er sich sogleich die nötigen Ruten und flocht unter den Augen des alten Schweinehalters einen Korb, worüber dieser große Freude zeigte. Jetzt segnete der Alte den Jüngling und seine Tochter und sprach zu ihm: „Nun magst du mein Kind immerhin zur Frau nehmen, denn ich weiß, dass du sie in allen Fällen wirst ernähren können! Jetzt will ich dir aber auch sagen, warum ich vorher darauf bestand, dass mein Schwiegersohn sich auf ein Gewerbe verstehen solle. Schau! Auch ich war einmal ein Kaiser und hatte sehr große Macht und lebte in Herrlichkeit, so dass alle Welt mich fast vergötterte und für unbesiegbar hielt. Nichtsdestoweniger wendete sich das Glück von mir, und der Allmächtige schlug mich. Ein fremder Kaiser eroberte mein Reich und vertrieb mich so schnell daraus, dass ich, um mein Leben zu retten, fliehen musste, wie ich ging und stand. Nichts von allen meinen Reichtümern und Schätzen, welche ich vorher noch mein nannte, konnte ich mit mir nehmen. Nur mein einziges Kind, diese Tochter hier, ließ mir der Himmel damals, sie folgte mir ins Elend. Mein Unglück war aber umso größer, weil ich nie etwas gelernt hatte, um mich selbst durchs Leben fortbringen zu können. Deshalb musste ich, um nicht gerade

Hungers zu sterben, das Brot, welches ich aß, für mich und meine Tochter erbetteln, bis es mir endlich gelang, in dieser Stadt hier den niedrigsten aller Dienste zu bekommen, ich wurde Schweinehalter. Jetzt bin ich gezwungen, jedem Bürger der Stadt, sei er arm oder reich, die Schweine zu hüten. Damit du aber jetzt siehst, dass ich auch die Wahrheit rede, so sieh einmal her!"

Damit zog er ein Päckchen Schriften aus der Tasche und reichte sie dem Prinzen zur Einsicht hin. Dieser wusste vor Staunen nicht, was er dazu sagen sollte; er starrte die Schriften an, aus denen wohl zu erkennen, wes Standes einst ihr Besitzer war. Dann überkam ihn eine mächtige Freude, er neigte sich vor seinem Schwiegervater, beurlaubte sich dann schnell von ihm und eilte, was er nur vermochte, heim, um seinem nicht weniger erstaunten Vater alles zu erzählen, was er jetzt gehört und gesehen hatte. Dieser wollte schnell nach dem unglücklichen Kaiser und seiner Tochter senden, damit er ihn bei sich aufnehme und das Reich mit ihm teile. Der Prinz gab aber das nicht zu, denn er wollte selbst hin, ihm diese frohe Botschaft zu bringen und ihn abzuholen. Jetzt wurde das Reich wieder geteilt, um sogleich wieder durch die Heirat der beiden überglücklichen jungen Leute vereinigt zu werden. Die beiden alten Kaiser aber freuten sich des Glücks ihrer Kinder noch lange Jahre in großer Eintracht.[27]

---

[27] Arthur und Albert Schott: Rumänische Volkserzählungen aus dem Banat, 1845/1975.

VOM WEISSEN UND VOM ROTEN KAISER

Petru, der einzige Sohn eines sehr strengen Mannes, träumte einmal, er werde dereinst viel vornehmer werden als sein Vater, ja bis zum Kaiser steigen. Als ihn am anderen Morgen sein Vater fragte, warum er so ausgelassen heiter sei, wollte er es nicht sagen, denn er kannte den Vater wohl und wusste, dass er über so hochfahrende Hoffnungen unwillig sein, ihn vielleicht sogar bestrafen werde. Das half ihm aber nichts, denn der Alte wurde nun über die Weigerung so aufgebracht, dass er seinen Sohn mit einer tüchtigen Tracht Schläge bedrohte, wenn er nicht mit der Sprache herausrücke. So blieb dem armen Petru keine Wahl, als das väterliche Haus mit dem Rücken anzusehen und in die weite Welt zu gehen. Damit er nicht erwischt werde, lief er einem nahen Walde zu, durch den sich an einem kleinen Fluss eine Landstraße hinzog. Als der Flüchtling sich nun weit genug vom Hause seines Vaters entfernt glaubte, setzte er sich bei einem Gebüsch nieder und fing an zu weinen, denn es rückte schon der Abend heran und der arme Knabe wusste noch nicht, wo er für die Nacht ein Obdach finden sollte.

Eben als die letzten Strahlen der Sonne die Zweige der Bäume vergoldeten, erhob sich von der einen Seite der Straße her eine Staubwolke, und ehe sich der betrübte Petru recht umschauen konnte, war schon ein Trupp Reiter an ihm vorübergesprengt, welchem ein prächtiger, mit acht milchweißen Rossen bespannter Wagen folgte. In diesem saß ein sehr vornehm aussehender

51

Mann, dessen feine Gewänder ebenfalls weiß wie Schnee waren, und an der Krone, die er auf dem Haupte trug, sah Petru, dass er ein Kaiser sein müsse. Als der vornehme Mann den weinenden Knaben sah, ließ er halten und fragte, was ihm fehle. Sowohl die heitere, freimütige Weise, mit der Petru Bescheid gab, als auch die Neugierde, den geheimnisvollen Traum zu erfahren, bewogen den Kaiser, dass er dem Knaben anbot, er solle mit ihm in sein Schloss kommen und, wenn er ein treuer Diener sein wolle, bei ihm bleiben. „Ich bin der weiße Kaiser", so schloss er seine Rede, „und kann dich groß machen, wenn du mir folgst!" Was konnte sich Petru mehr und besseres wünschen? Er fühlte sich überaus glücklich und küsste den Saum von des Kaisers Mantel; darauf durfte er in den Wagen steigen und mit in das herrliche Schloss fahren. Als man in demselben angekommen war, erhielt Petru die Erlaubnis, es zu durchwandern und mit allen seinen Herrlichkeiten genau zu betrachten. Von allem aber, was er sah, gefiel ihm nichts besser als des Kaisers schöne Tochter, von deren blonden Locken er bald kein Auge mehr abwenden konnte. Bald gewöhnte sich auch die Prinzessin an Petru's Anblick, sie sah ihn so gern, dass er es wohl bemerken konnte, und natürlich war er darüber gar nicht böse. Eines Tages nun begab sich's, dass der Kaiser nach der Tafel mit einem seiner Gelehrten in ein tiefsinniges Gespräch über Träume geriet. Da fiel von ungefähr sein Blick auf Petru; er erinnerte sich, was ihm dieser beim Anfang ihrer Bekanntschaft von einem denkwürdigen Traum erzählt hatte und wie er um dessentwillen von zu Hause weggelaufen war. Der

Kaiser verlangte nun, der Jüngling solle sein Traumgesicht erzählen, aber Petru dachte: Diesen Traum kannst du dem Kaiser noch weniger erzählen als deinem Vater, denn der ließe dich sogleich hängen, weil er dächte, du trachtest nach seiner Krone. Er sprach daher zum Kaiser: „O großmächtiger Herr, verlange nicht zu wissen, was ich meinem eigenen Vater habe verschweigen müssen!" Wie früher Petru's Vater, so wurde nun der weiße Kaiser unwillig über die Weigerung und verlangte nochmals dringend, Petru solle seinen Traum erzählen. Aber Petru bat wieder: „Sei gnädig, Herr, und erlass mir die Erzählung." Als der Kaiser drauf zum dritten Mal und wieder umsonst sein Begehren ausgesprochen hatte, wurde er ganz bleich vor Zorn und rief seinen Dienern: „Nehmt diesen eigensinnigen Trotzkopf und sperrt ihn in die Ruinen der weißen Burg! Dort mag er in Hunger und Elend verschmachten!" Als die Prinzessin dies hörte, sank sie vor Schrecken in Ohnmacht; da hob der Kaiser die Tafel schnell auf, seine Tochter aber hieß er auf ihr Zimmer bringen. Petru, dem ohnehin schon alle Diener im Schlosse gram waren, weil ihm der weiße Kaiser stets Gnade widerfahren ließ, wurde nun schnell ergriffen und nach den Ruinen der weißen Burg gebracht, wo er dem Hunger und Elend preisgegeben werden und langsam ums Leben kommen sollte.

So wollte es der Kaiser, der ihn bald vergessen hatte, aber Gott wollte es nicht so. Denn die schöne Prinzessin vergaß ihn nicht so schnell wie ihr Vater, sondern als es Abend war und der volle Mond seinen Silberschein über die Fluren ergoss, schlich sie zu dem Orte hin, wo ihr armer Geliebter gefangen saß, brachte ihm zu essen und zu trinken und blieb einige Stunden bei ihm, so dass Petru über das Elend seiner Gefangenschaft schnell getröstet war. Sie hatten sich gar viel zu erzählen und zu sagen, so dass die Zeit schneller verging, als ihnen lieb war, daher versprach die Prinzessin beim Abschied, sie wolle morgen um dieselbe Stunde wiederkommen.

Mehrere Male hatte sie so ihren geliebten Gefangenen durch ihre Besuche beglückt, da kam sie eines Abends mit rotgeweinten Augen und war sehr niedergeschlagen. Als Petru sie nach der Ursache ihrer Traurigkeit fragte, sprach sie: „Ach Petru, der rote Kaiser hat heute meinem Vater einen Stock zugeschickt, welcher oben und unten gleich dick ist, und hat ihm durch seine Gesandten sagen lassen, wenn er nicht binnen drei Tagen errate, welcher Teil des Stockes der obere und welcher der untere sei, so werde er ihn und sein Volk mit Krieg überziehen, unser Land verheeren und uns alle töten. Darüber ist mein armer Vater in Verzweiflung, denn wie kann er erraten, was an dem Stock oben und was unten ist, da er an beiden Enden dieselbe Dicke hat! Heute sitzt er schon den ganzen Tag mit seinen Räten zusammen, aber keiner von allen hat ihm die Aufgabe zur Zufriedenheit lösen können." Wie sie also geendet hatte, fing sie wieder an zu weinen, Petru aber fragte: „Und ist denn weiter keine Aufgabe zu lösen als die mit dem Stock!" worauf ihn die Prinzessin groß ansah, denn sie hielt diese Frage für Spott. Als ihr Geliebter sie nochmals fragte, sagte sie: „Nein, ist es denn nicht genug, o Hartherziger, an der einzigen, die niemand zu lösen versteht, kein einziger von meines Vaters alten, weisen Ratgebern!" – „Wenn es dies ist und sonst nichts", erwiderte Petru auf den Vorwurf, den ihm die Geliebte machte, „so tröste dich und gehe schnell nach Hause, damit du in das Haus deines Vaters Freude bringst. Lege dich für heute schlafen, und morgen, wenn du aufstehst, so sprich also zu deinem Vater: 'Vater, liebster Vater, mir hat heute etwas sehr Wichtiges geträumt.' Er wird alsdann fragen, was? Dann rede weiter: 'Mir hat geträumt, wenn man den geheimnisvollen Stock, den der rote Kaiser an deinen Hof sandte, in die Höhe wirft, so zeige sich im Herabfallen das als das untere Ende desselben, welches zuerst den Boden wieder berührt.'" Freudig und voll Vertrauen auf die Güte dieses Rates umarmte die Prinzessin ihren geliebten Petru und eilte nach Hause. Des anderen Morgens tat sie so, wie ihr geraten war, und der Kaiser, welcher alles auf tiefsinnige Träume gab, ließ es sogleich angesichts der Gesandten des roten Kaisers mit dem Stocke so machen, wie seine Tochter geträumt haben wollte. So wurde natürlich die ungeheure Aufgabe, an welche sämtliche Räte und Gelehrte des kaiserlichen Hofes ihre Weisheit verschwendet hatten, auf eine einfache, leichte Weise gelöst. Alsbald reisten auch die fremden Gesandten ab, um ihrem Kaiser Bericht abzustatten. Nicht lange dauerte es, so schickte der rote Kaiser dem weißen wieder eine Gesandtschaft; die überbrachte drei Pferde von ganz gleicher Farbe, Gestalt und Stärke. Eines derselben war ein Fohlen, und der weiße Kaiser sollte wieder binnen drei Tagen, ohne einem oder dem andern ins Maul zu sehen, erraten, welches von den dreien das Fohlen sei. Könne er dieses nicht, so würde der rote Kaiser sofort mit großer Heeresmacht in sein Reich einfallen und alles zerstören und ums Leben bringen.

Der weiße Kaiser erschrak heftig über diese Botschaft, rief sogleich wieder alle seine Gelehrten und Räte zusammen und trug ihnen auf, das Fohlen von den beiden anderen Pferden zu unterscheiden, damit es die fremden Gesandten ihrem Herrn berichten könnten. Die Gelehrten und Räte sahen sich an, keiner aber wusste genügende Auskunft, so dass der weiße Kaiser in große Angst verfiel und sich vor Betrübnis nicht zu helfen wusste. Abends ging die Prinzessin wieder zu den Ruinen der weißen Burg, wo ihr Geliebter schmachtete, und erzählte ihm von der Not, in welcher sich ihr Vater abermals durch die Zumutung des kriegslustigen, blutdürstigen roten Kaisers befinde. Als Petru alles wohl vernommen hatte, streichelte er der Prinzessin die Wangen, die wieder von Tränen etwas feucht waren, und sagte: „Teure Prinzessin, wenn du morgen aufstehst, so geh wieder zu deinem Vater und sag ihm, du habest geträumt, es sei den drei Pferden mitten auf dem Platze vor dem kaiserlichen Palast, vor dem ganzen Hof und vor den Gesandten des roten Kaisers, Heu und eine Schüssel mit süßer Milch vorgesetzt worden. Du selbst habest bei der Schüssel mit Milch gestanden, und als man die drei Pferde losgelassen, so seien zwei nach dem Heu, das dritte aber nach der Milch gelaufen, und dies sei das Fohlen gewesen. Wenn das dein Vater hört, so wird er schnell nach deinem Traum die Frage lösen und den fremden Gesandten die Antwort an den verhassten roten Kaiser auftragen." Die Prinzessin verabschiedete sich von ihrem klugen Geliebten nicht minder entzückt als das erste Mal und tat am folgenden Tage so, wie er ihr geraten hatte. Der Kaiser war natürlich über diesen Traum seiner Tochter wieder hoch entzückt und ließ, wie sie ihm riet, auf den freien Platz vor dem Palaste, in Anwesenheit des ganzen Hofstaates und der Gesandten, Heu und eine Schüssel mit süßer Milch bringen. Nachdem dies geschehen war, gab er das Zeichen: die Pferde wurden herbeigeführt und freigelassen, worauf dann zwei, der Neigung ihres reifen Alters folgend, sich zu dem Heu wandten, das dritte dagegen auf die Milch zuging. Darauf sprach der Kaiser zu den Gesandten vom Hofe des roten Kaisers: „Geht hin, nehmt das Pferd, welches die Milch getrunken hat, und sagt eurem Herrn, dies sei das Fohlen." Die Gesandten nahmen die Tiere, beurlaubten sich und gingen, indem sie die Klugheit des weißen Kaisers und seiner Räte nicht genug bewundern konnten. Die Prinzessin aber konnte die Nacht kaum erwarten, in der sie zu ihrem geliebten Petru eilen und ihm um den Hals fallen durfte, vor Freude, dass er der weiseste Mann am Hofe ihres Vaters war. Der rote Kaiser wütete vor Zorn, dass der weiße Kaiser auch seine zweite Frage beantwortet hatte. Er war nämlich der Meinung gewesen, das vermöge niemand, und er hatte sich im Herzen gefreut, dass es ihm nun nicht mehr an einem Vorwand fehle, den weißen Kaiser zu bekriegen und sein Reich zu erobern. „Geht hin", sprach er zu seinen Gesandten, „und redet also zum weißen Kaiser: 'Der Herr des roten Reiches lässt dir sagen, du möchtest ihm binnen drei Wochen zu wissen tun: Erstens, um welche Stunde er am Ostersonntag aus dem Bett steigen, zweitens, um welche Stunde er dann in die Kirche gehen und drittens, wann er bei seiner Tafel den ersten Becher zum Mund führen werde. Wenn du, weißer Kaiser', so sollt ihr weiter zu ihm sagen, dies alles weißt, so magst du am Ostersonntag in der Burg des roten Kaisers erscheinen oder einen Gesandten schicken, um ihm den Pokal, aus dem er trinken will, aus der Hand zu schlagen." Diese Dinge, dachte der rote Kaiser bei sich, werde der weiße sicher nicht erraten, drum setzte er noch frohlockend hinzu: „Nun geht, meine Gesandten, und kündigt meinem Feind an, dass ich ihn unverweilt mit Krieg überziehen werde, wenn er nicht beantworten kann, was ich ihn durch euch frage."

Als die Gesandten zum dritten Mal am Hofe des weißen Kaisers erschienen und ihn mit ihren Aufträgen bekanntmachten, wurden wieder alle Gelehrten und Räte zusammenberufen, um unter dem Vorsitze des Kaisers zu beraten, was zu tun sei. Aber auch diesmal wusste keiner ein Auskunftsmittel, weshalb aufs Neue die größte Bestürzung am ganzen Hof herrschte. Die Prinzessin allein ließ den Mut nicht sinken, weil sie fest auf die Klugheit ihres Geliebten, des gefangenen Petru, baute. Ungesehen ging sie wieder, als es Nacht war, zu den Ruinen der weißen Burg. Nachdem sie ihrem Freund alles mitgeteilt hatte, besann er sich eine Weile und sprach dann: „Liebste Prinzessin, sage morgen deinem hohen Vater, du habest wieder einen Traum gehabt und durch denselben erfahren, dass hier nur der arme Petru, in den Ruinen der weißen Burg, Auskunft geben könne." - „Was fällt dir ein, Liebster", entgegnete hierauf die Prinzessin, „mein Vater könnte ja dadurch entdecken, dass ich dich besucht und am Leben erhalten habe; das kann nicht sein!" - „Geh nur und tu so, wie ich dir sage, geliebteste Prinzessin", sprach Petru, „denn dein hoher Vater wird es, samt seinen Räten und Gelehrten, für ein göttliches Wunder halten, dass ich noch am Leben bin, und daher meinem Rat umso mehr Glauben beimessen." Dies leuchtete der Prinzessin ein, und sie ging getröstet voll Vertrauen auf Petru nach Hause. Am anderen Tage sprach sie zu ihrem Vater: „Mein Herr und Kaiser! Diese Nacht hat mir geträumt, der arme Petru, der wohl schon längst in den Ruinen der weißen Burg verschmachtet und vermodert ist, wenn ihn nicht ein göttliches Wunder am Leben erhalten hat, könnte uns und das ganze Reich von der Bedrängnis erretten, mit welcher uns der böse rote Kaiser bedroht." Darauf sprach der weiße Kaiser: "Meine Tochter, du hast uns mit deinen Träumen, welche gewiss von Gott kommen, schon zweimal aus großen Nöten errettet, und ich will daher auch diesen deinen heutigen Traum nicht verachten. Darum sollen sogleich einige Männer nach den Ruinen der weißen Burg gehen und nachsehen, ob vielleicht jener Petru durch ein göttliches Wunder am Leben erhalten ist." So geschah es, und bald kehrten die Boten mit der unglaublichen Nachricht zurück, dass Petru frisch und gesund noch am Leben sei. Als dies in der Stadt bekannt wurde, strömte alles Volk hinaus zu den Ruinen der weißen Burg, um sich selbst von dem gesche-

henen Wunder zu überzeugen und den längst verges-
senen Petru wiederzusehen. „Wunder über Wunder!"
tönte es, „Petru ist von Gott erhalten, uns zur Befreiung aus tödlicher Not." Unter lautem Jubel wurde der
Held vor den Kaiser gebracht, der ihn erstaunt und in
seinem Innern hocherfreut anredete: „Armer Petru,
Gott der Allmächtige hat dich vor dem schmachvollen
Tode beschützt, den ich dir zugedacht hatte. An dir
hat Gott ein Wunder gewirkt, und ich setze daher das
Vertrauen auf dich, dass du mein Reich vom Verderben retten kannst, wenn du ernstlich willst. Gelingt es
dir, uns zu retten, so will ich dich zu den höchsten
Ehren bringen und dir meine Tochter selbst zur Gemahlin geben. Sprich, was du bedarfst, um mir und
meinem Reich aus der großen Bedrängnis zu helfen."
Petru sann eine Weile nach, dann beugte er sich demütig vor dem Kaiser, küsste ihm die Hände und begann hierauf: „Großmächtigster Kaiser, ich lege meine
Seele zu deinen Füßen und danke dir sowohl für die
Gnaden, die du mir früher erzeigt hast, als auch für
die unverhoffte Befreiung aus meiner Haft und für
den köstlichen Preis, den du mir versprichst für den
Fall, dass es mir gelingt, dich und dein Reich vor dem
Zorn des roten Kaisers zu beschützen. Zuerst bitte ich
nur, dass in der Nähe des Schlosses, welches der rote
Kaiser bewohnt, eine hohe Warte gebaut werde; als-
dann lass mir ein gutes Fernrohr verfertigen, und
wenn ich dies habe, so soll alles Übrige meine Sorge
sein."
Was Petru wünschte, geschah. An der äußersten
Grenze des weißen Reiches wurde ein hoher fester
Turm erbaut, von dessen Zinnen aus er mit seinem

Fernrohr in das Schloss des roten Kaisers sehen konnte. Der festgesetzte Ostersonntag brach an, und Petru stand schon, als der erste Morgen graute, auf dem Turm, sein Fernrohr in der Hand, zu seiner Seite einige von den Räten des weißen Kaisers. In demselben Augenblick, als sich die Morgensonne durch die purpurnen Wolken am Horizonte heraufdrängte, stieg auch der rote Kaiser aus seinem Bett. Petru nahm dies durch sein Fernrohr sogleich wahr und ließ die Stunde und Minute durch die Räte aufzeichnen. Als er den roten Kaiser näher betrachtete, erschrak er über dessen fürchterliches Aussehen, denn es soll derselbe der grausamste Wüterich seiner Zeit gewesen sein. Sofort sprach er zu einem von den Räten, die bei ihm standen: „Gehe hin zu unserem Herrn, dem weißen Kaiser, und sage ihm, er möge eine Schar der auserlesensten Krieger unter der Führung eines vertrauten Hauptmannes bereithalten, damit sie mich, wenn ich heute Mittag nach dem Schloss des roten Kaisers aufbreche, begleiten und sich nahe bei der Stadt in ein Versteck legen." Dies tat Petru aus Vorsicht, denn er misstraute den blutgierigen Launen des roten Kaisers. Der weiße Kaiser gab auch, als er Petru's Botschaft erhielt, sogleich Befehl, es sollten sich fünfhundert Krieger mit einem tüchtigen Hauptmann fertigmachen. Während dies geschah, ging der rote Kaiser mit seinem ganzen Hofstaat zur Kirche, und wieder ließ Petru auf seiner Warte Stunde und Minute genau verzeichnen; zum Kaiser sandte er aber den anderen Rat und ließ ihn um das schnellste Pferd aus dem kaiserlichen Stalle bitten, welches ihm auch alsbald geschickt wurde. Als der Gottesdienst, welchem der rote Kaiser beiwohnte, zu Ende war, begab sich derselbe mit seinem glänzenden Hofstaat wieder in den Palast, wo alles aufs prächtigste zu einem großen Fest bereitet war. Nachdem er sich zur Tafel gesetzt hatte, bestieg Petru das für ihn bereitgehaltene Pferd und flog mit verhängtem Zügel dem Palaste zu, dort trat er eben in den Speisesaal, als der Kaiser seinen Edelknaben den Befehl erteilt hatte, ihm seinen Festpokal mit Wein zu füllen. Dies geschah, und als ihn der Herrscher des roten Reiches an die Lippen führen wollte, rief Petru mit gewaltiger Stimme: „Hoch, hoch! Der rote Kaiser will trinken!" Damit riss er einem der Bewaffneten die Lanze aus der Hand stieß dem roten Kaiser den Pokal vom Munde. Dies alles war das Werk eines Augenblicks.

Wütend über diesen Frevel fuhr der rote Kaiser auf und befahl seinen Kriegern, den frechen Gast, dessen weiße Kleidung seinen Grimm nur noch vermehrte, zu ergreifen und niederzuhauen. Aber Petru geriet hierdurch nicht in Verwirrung, sondern sah den roten Kaiser dreist an. Dieser besann sich jetzt, dass von der Lösung der drei Aufgaben die Rede sei, die er dem weißen Kaiser gestellt hatte, und fragte Petru, wo er erfahren habe, dass er jetzt den Becher zum Munde führe. Petru antwortete hierauf gelassen: „Großmächtigster Herr, mein Gebieter, der weiße Kaiser, hat eine Warte bauen lassen, von welcher aus ich heute in deinen Palast geschaut und die Zeiten aufgezeichnet habe, sowohl da du auf standest, als da du zur Kirche gingst; von dort hab ich auch wahrgenommen ..." – „Halt ein!" rief hierauf der erzürnte Kaiser, für die Lösung der dritten Frage sollst du hängen, frecher

Bursche. Am Galgen wirst du, überkluger Taugenichts, so hoch sein wie auf deiner Warte!" Damit befahl er seinen Dienern, sie sollten sich Petru's bemächtigen und ihn zum Galgen führen. Es geschah, und spottend sagte der Kaiser zu seinem Gefolge: „Seht her, das weiße Osterlamm, das uns der weiße Kaiser zugesandt hat." Hierüber entstand ein schallendes Gelächter.

Der Zug war bald bei dem Richtplatz angekommen, und dem armen Petru schlug das Herz beim Anblick des roten Galgens bänger, denn er dachte, was wäre, wenn der Überfall der im Versteck liegenden Bewaffneten des weißen Kaisers zu spät käme. Schon sollte er die Leiter hinauf, da erweckte ihn der Schrei des roten Kaisers, welcher von einem Pfeile durchbohrt vom Pferde gesunken war, aus seinen Todesgedanken. Kaum sah er seinen Feind am Boden liegen, so schwirrten von allen Seiten Pfeile, und unter dem Ruf: „Hoch lebe der weiße Kaiser!" brachen die weißen Krieger aus ihrem Versteck über die roten her. In der Verwirrung des Kampfes war Petru bald zu einem Schwerte gekommen, drängte sich zu dem roten Kaiser, der noch lebend am Boden lag, und mit den Worten: „Das ist der Lohn für deinen Hochmut und deine Gewalttätigkeit!", tötete er ihn. Sodann rief er die weißen Krieger zusammen, hieß einige von ihnen dem weißen Kaiser die Nachricht bringen, dass der rote Kaiser tot sei, und führte sie dann gegen die rote Stadt.

Der Überfall gelang, und nicht lange danach begrüßte Petru den weißen Kaiser im Palaste des roten, als Beherrscher des roten sowie des weißen Reiches. Der weiße Kaiser nahm aber die Würde des roten Kaisers nicht an, sondern hieß Petru niederknien und setzte ihm die Krone des roten Kaisers aufs Haupt, indem er ihn als Beherrscher des roten Reiches ausrief und ihm seine Tochter zur Frau gab. Einige Zeit später starb aber der weiße Kaiser, nachdem er seinem Sohne Petru noch auf dem Sterbebett auch Krone und Zepter des weißen Reiches übergeben und ihn zum Herrscher desselben ernannt hatte. So beherrschte nun Petru die beiden Reiche, seine Weisheit und Tapferkeit leiteten sie trefflich, und er selbst lebte mit seiner geliebten Gattin, der Tochter des weißen Kaisers, noch lange Jahre im höchsten Glück.[28]

---

[28] Arthur und Albert Schott: Rumänische Volkserzählungen aus dem Banat, 1845/1975.

DIE GOLDENE BÜCHSE

Zur Tangzeit lebte ein Graf im Lager von Ludschou. Der hatte eine Sklavin, die konnte sehr gut die Laute spielen und war auch im Lesen und Schreiben geübt, so dass der Graf sie gebrauchte, um seine geheimen Briefe zu schreiben.

Einst war im Lager ein großes Fest. Die Sklavin sprach: „Die große Pauke klingt heut so traurig; dem Mann ist sicher ein Unglück begegnet."

Der Graf ließ den Paukenschläger kommen und fragte ihn.

„Meine Frau ist gestorben", erwiderte jener, „doch wagte ich nicht, um Urlaub zu bitten; darum klang unwillkürlich meine Pauke so traurig."

Der Graf ließ ihn nach Hause.

Zu jener Zeit herrschte viel Streit und Eifersucht zwischen den Grafen am Gelben Fluss. Der Kaiser wollte dadurch Frieden schaffen, dass er die Grafen untereinander Familienverbindungen eingehen ließ. So hatte die Tochter des Grafen von Ludschou den Sohn des Grafen von Webo geheiratet. Aber es half nicht viel. Der alte Graf von Webo war lungenleidend, und immer in der heißen Zeit wurde es schlimmer, und er pflegte zu sagen: „Ja, wenn ich Ludschou hätte! Dort ist's kühler, da würde mir vielleicht wohler."

So sammelte er denn dreitausend Krieger um sich, gab ihnen reichlichen Sold, befragte das Orakel um einen glückbringenden Tag und machte sich daran, Ludschou mit Gewalt zu besetzen.

Der Graf von Ludschou hörte davon. Tag und Nacht war er in Sorgen, doch fiel ihm kein Ausweg ein. Eines nachts, als die Wasseruhr schon aufgestellt war und das Lagertor geschlossen, ging er, auf seinen Stab gestützt, im Hof umher. Nur seine Sklavin folgte ihm.

„Herr", sprach sie, „seit einem Monat flieht Euch Schlaf und Esslust. Einsam und traurig lebt Ihr Eurem Leid. Ich müsste mich täuschen, wenn es nicht Webos wegen wäre."

„Das geht auf Leben und Tod", sprach der Graf. „Da versteht ihr Frauen nichts davon."

„Ich bin nur eine geringe Magd", sagte die Sklavin, „und dennoch habe ich Eures Kummers Grund erraten."

Der Graf erkannte, dass Sinn in ihren Worten war, und sprach: „Du bist ein außerordentliches Mädchen. Tatsächlich überlege ich mir im Stillen einen Ausweg."

Die Sklavin sprach: „Das ist leicht zu machen. Ihr braucht Euch nicht darum zu kümmern, Herr! Ich will nach Webo gehen und sehen, wie es steht. Jetzt ist die erste Nachtwache. Wenn ich jetzt gehe, so kann ich zur fünften Nachtwache wieder zurück sein."

„Wenn es dir nicht gelingt", sprach der Graf, „beschleunigst du mein Unglück."

„Ein Misserfolg ist gar nicht möglich", antwortete die Sklavin.

Dann ging sie in ihr Zimmer und rüstete sich für die Reise. Sie kämmte ihr Rabenhaar, band es in einen Knoten auf dem Scheitel und steckte es mit einer goldenen Nadel fest. Dann zog sie ein purpurgesticktes, kurzes Gewand an und gewobene Schuhe aus dunkler Seide. Im Busen barg sie einen Dolch mit Drachenlinien, und an die Stirne schrieb sie sich den Namen des großen Gottes. Dann verneigte sie sich vor dem Grafen und verschwand.

Der Graf goss sich Wein ein, um auf sie zu warten, und als das Morgenhorn erschallte, da senkte sich leicht wie ein schwebendes Blatt die Sklavin vor ihm nieder.

„Ist alles gut gegangen?" sprach der Graf.

„Ich habe meinem Auftrag keine Unehre gemacht", erwiderte das Mädchen.

„Hast du jemand getötet?"

„Nein, soweit ging ich nicht. Doch hab ich die goldene Büchse zu Häupten seines Lagers zum Pfande mitgebracht."

Der Graf fragte, was sie alles erlebt habe, und sie begann zu erzählen:

„Zur Zeit des ersten Trommelwirbels brach ich auf und erreichte drei Stunden vor Mitternacht Webo. Als ich durch die Tore schritt, sah ich, wie die Schildwachen in den Wachtstuben schliefen. Ihr Schnarchen ertönte wie der Donner. Die Lagerwachen gingen auf und ab, und ich ging durchs linke Tor ins Schlafzimmer hinein. Da lag Euer Verwandter hinter seinem

Vorhang auf dem Rücken in süßem Schlummer. Neben seinem Kissen sah ein kostbares Schwert hervor; dabei stand eine offene goldene Büchse. In der Büchse waren Zettel. Auf dem einen stand sein Lebensalter und sein Geburtstag, auf dem andern der Name der Gottheit des (Sternbildes vom) Großen Bären. Weihrauchkörner und Perlen lagen darauf. Die Kerzen im Zimmer gaben einen schwachen Schein, und der Weihrauch vom Räucherbecken war eben im Verglimmen. Die Dienerinnen lagen ringsumher zusammengekrümmt und schliefen. Ich konnte ihnen die Haarpfeile herausziehen und ihnen die Kleider aufheben, ohne dass sie erwachten. Das Leben Eures Verwandten stand in meiner Hand; aber ich brachte es nicht über mich, ihn zu töten. Darum nahm ich die goldene Büchse und kehrte zurück. Die Wasseruhr zeigte die dritte Stunde an, als ich meinen Weg vollendet. Nun müsst Ihr rasch ein schnelles Pferd satteln lassen und einen Mann damit nach Webo schicken, der die goldene Büchse zurückbringt. Dann wird der Herr von Webo schon zur Besinnung kommen und seine Eroberungspläne fallen lassen."

Der Graf von Ludschou befahl nun einem Offizier, so schnell wie möglich nach Webo zu reiten. Er ritt den ganzen Tag und die halbe Nacht, da kam er an. In Webo war jedermann in Aufregung wegen des Verlustes der goldenen Büchse. Im ganzen Lager wurde alles streng durchsucht. Da klopfte der Bote mit der Reitpeitsche an die Tür und verlangte, den Herrn von Webo zu sehen. Weil er zu so ungewöhnlicher Stunde kam, vermutete der Herr von Webo, dass er eine wichtige Nachricht habe, und kam aus seinem Zimmer, den Boten zu empfangen. Der übergab ihm einen Brief, darin stand geschrieben: „Gestern Nacht kam ein Fremder von Webo bei uns an. Er erzählte, dass er mit eigener Hand von Eurem Bette eine goldene Büchse genommen habe. Ich wage sie nicht zu behalten und sende darum diesen Boten, sie Euch schleunigst wieder zurückzuerstatten." Als der Herr von Webo die goldene Büchse sah, erschrak er sehr. Er nahm den Boten mit in sein eigenes Gemach, bewirtete ihn mit einem köstlichen Mahl und belohnte ihn reichlich.

Am andern Tage fertigte er den Boten wieder ab und gab ihm dreißigtausend Ballen Seide und fünfzig der besten Viergespanne mit als Geschenk für seinen Herrn. Auch schrieb er einen Brief an den Grafen von Ludschou:

„Mein Leben stand in Eurer Hand. Ich danke Euch, dass Ihr mich geschont, bereue meine Absicht und will mich bessern. Von nun ab soll ewig Fried und Freundschaft zwischen uns bestehen, und ich werde niemals wieder andere Gedanken hegen. Die Bürgerwehr, die ich um mich versammelt hatte, soll mir zum Schutze gegen Räuber dienen. Ich habe sie bereits entwaffnet und an die Feldarbeit zurückgeschickt."

Von da ab herrschte zwischen den beiden Verwandten im Norden und Süden des Gelben Flusses die herzlichste Freundschaft.

Eines Tages kam die Sklavin und wollte sich von ihrem Herrn verabschieden. Der sprach: „Du bist hier im Hause geboren; wohin willst du denn gehen? Auch brauche ich dich so notwendig, dass ich dich nicht entbehren kann."

„In meinem früheren Leben", sprach die Sklavin, „war ich ein Mann. Ich half als Arzt den Kranken. Da kam einmal eine Frau in guter Hoffnung zu mir, die litt an Würmern. Aus Versehen gab ich ihr Seidelbastwein zu trinken, und sie starb samt ihrem Kinde, das sie trug. Dadurch zog ich mir die Vergeltung des Herrn der Toten zu, und ich wurde wiedergeboren als Mädchen in geringer Stellung. Doch kam die Erinnerung an mein früheres Leben über mich; ich pflegte eifrig meinen Wandel und fand auch einen seltenen Lehrer, von welchem ich die Schwerterkunst erlangte. Nun hab ich Euch schon neunzehn Jahre lang gedient. Ich ging für Euch nach Webo, um Eure Güte zu vergelten. Ich habe es dadurch erreicht, dass Ihr mit Euren Verwandten nun wieder in Frieden lebt, und Tausenden von Menschen habe ich so das Leben gerettet. Das ist für eine schwache Frau doch immer ein Verdienst, genügend, meine frühere Schuld zu tilgen. Nun will ich mich von der Welt zurückziehen und in den stillen Bergen weilen, um reinen Herzens meine Heiligung zu wirken. Vielleicht, dass es mir dann gelingt, in meinen früheren Stand zurückzukehren. Darum bitt ich, lasst mich ziehen!"

Der Graf sah ein, dass er sie nicht mehr länger halten dürfe; darum bereitete er ein großes Festmahl und lud viele Gäste ihr zum Abschied. Manch namhafter Ritter saß bei Tisch. Sie alle feierten sie mit Trinksprüchen und Gedichten.

Der Graf konnte seiner Rührung nicht mehr Meister werden, und auch die Sklavin verneigte sich schluchzend. Dann verließ sie heimlich die Tafel, und kein Mensch hat je erfahren, wo sie hingegangen war.[29]

---

[29] Richard Wilhelm, Chinesische Volksmärchen, Nr. 89, Jena 1914.

DER KÖNIGSSOHN, DER SICH VOR NICHTS FÜRCHTET

Der Königssohn, der sich vor nichts fürchtet
Es war einmal ein Königssohn, dem gefiel's nicht
mehr daheim in seines Vaters Haus, und weil er vor
nichts Furcht hatte, so dachte er 'ich will in die weite
Welt gehen, da wird mir Zeit und Weile nicht lang,
und ich werde wunderliche Dinge genug sehen.' Also
nahm er von seinen Eltern Abschied und ging fort,
immerzu, von Morgen bis Abend, und es war ihm
einerlei, wo hinaus ihn der Weg führte. Es trug sich
zu, dass er vor eines Riesen Haus kam, und weil er
müde war, setzte er sich vor die Türe und ruhte. Und
als er seine Augen so hin- und hergehen ließ, sah er
auf dem Hof des Riesenspielwerk liegen: das waren
ein paar mächtige Kugeln und Kegel, so groß als ein
Mensch. Über ein Weilchen bekam er Lust, stellte die
Kegel auf und schob mit den Kugeln danach, schrie
und rief, wenn die Kegel fielen, und war guter Dinge.
Der Riese hörte den Lärm, streckte seinen Kopf zum
Fenster heraus und erblickte einen Menschen, der
nicht größer war als andere, und doch mit seinen Kegeln spielte. 'Würmchen', rief er, 'was kegelst du mit
meinen Kegeln? wer hat dir die Stärke dazu gegeben?'
Der Königssohn schaute auf, sah den Riesen an und
sprach 'o du Klotz, du meinst wohl, du hättest allein
starke Arme? ich kann alles, wozu ich Lust habe.' Der
Riese kam herab, sah dem Kegeln ganz verwundert zu
und sprach 'Menschenkind, wenn du der Art bist, so
geh und hol mir einen Apfel vom Baum des Lebens.'
'Was willst du damit?' sprach der Königssohn. 'Ich

will den Apfel nicht für mich', antwortete der Riese, 'aber ich habe eine Braut, die verlangt danach; ich bin weit in der Welt umhergegangen und kann den Baum nicht finden.' 'Ich will ihn schon finden', sagte der Königssohn, 'und ich weiß nicht, was mich abhalten soll, den Apfel herunterzuholen.' Der Riese sprach 'du meinst wohl, das wäre so leicht? der Garten, worin der Baum steht, ist von einem eisernen Gitter umgeben, und vor dem Gitter liegen wilde Tiere, eins neben dem andern, die halten Wache und lassen keinen Menschen hinein.' 'Mich werden sie schon einlassen', sagte der Königssohn. 'Ja, gelangst du auch in den Garten und siehst den Apfel am Baum hängen, so ist er doch noch nicht dein: es hängt ein Ring davor, durch den muss einer die Hand stecken, wenn er den Apfel erreichen und abbrechen will, und das ist noch keinem geglückt.' 'Mir soll's schon glücken,' sprach der Königssohn.

Da nahm er Abschied von dem Riesen, ging fort über Berg und Tal, durch Felder und Wälder, bis er endlich den Wundergarten fand. Die Tiere lagen ringsumher, aber sie hatten die Köpfe gesenkt und schliefen. Sie erwachten auch nicht, als er herankam, sondern er trat über sie weg, stieg über das Gitter und kam glücklich in den Garten. Da stand mitten inne der Baum des Lebens, und die roten Äpfel leuchteten an den listen. Er kletterte an dem Stamm in die Höhe, und wie er nach einem Apfel reichen wollte, sah er einen Ring davor hängen, aber er steckte seine Hand ohne Mühe hindurch und brach den Apfel. Der Ring schloss sich fest an seinen Arm, und er fühlte, wie auf einmal eine gewaltige Kraft durch seine Adern drang. Als er mit dem Apfel von dem Baum wieder herabgestiegen war, wollte er nicht über das Gitter klettern, sondern fasste das große Tor und brauchte nur einmal daran zu schütteln, so sprang es mit Krachen auf. Da ging er hinaus, und der Löwe, der davor gelegen hatte, war wach geworden und sprang ihm nach, aber nicht in Wut und Wildheit, sondern er folgte ihm demütig als seinem Herrn.

Der Königssohn brachte dem Riesen den versprochenen Apfel und sprach 'siehst du, ich habe ihn ohne Mühe geholt.' Der Riese war froh, dass sein Wunsch so bald erfüllt war, eilte zu seiner Braut und gab ihr den Apfel, den sie verlangt hatte. Es war eine schöne und kluge Jungfrau, und da sie den Ring nicht an seinem Arm sah, sprach sie 'ich glaube nicht eher, dass du den Apfel geholt hast, als bis ich den Ring an deinem Arm erblicke.' Der Riese sagte 'ich brauche nur heim zu gehen und ihn zu holen', und meinte, es wäre ein leichtes, dem schwachen Menschen mit Gewalt wegzunehmen, was er nicht gutwillig geben wollte. Er forderte also den Ring von ihm, aber der Königssohn weigerte sich, 'Wo der Apfel ist, muss auch der Ring sein,' sprach der Riese, 'gibst du ihn nicht gutwillig, so musst du mit mir darum kämpfen.'

Sie rangen lange Zeit miteinander, aber der Riese konnte dem Königssohn, den die Zauberkraft des Ringes stärkte, nichts anhaben. Da sann der Riese auf eine List und sprach 'mir ist warm geworden bei dem Kampf, und dir auch, wir wollen im Flusse baden und

uns abkühlen, eh wir wieder anfangen.' Der Königssohn, der von Falschheit nichts wusste, ging mit ihm
zu dem Wasser, streifte mit seinen Kleidern auch den
Ring vom Arm und sprang in den Fluss. Alsbald griff
der Riese nach dem Ring und lief damit fort, aber der
Löwe, der den Diebstahl bemerkt hatte, setzte dem
Riesen nach, riss den Ring ihm aus der Hand und
brachte ihn seinem Herrn zurück. Da stellte sich der
Riese hinter einen Eichbaum, und als der Königssohn
beschäftigt war, seine Kleider wieder anzuziehen,
überfiel er ihn und stach ihm beide Augen aus.
Nun stand da der arme Königssohn, war blind und
wusste sich nicht zu helfen. Da kam der Riese wieder
herbei, fasste ihn bei der Hand wie jemand, der ihn
leiten wollte, und führte ihn auf die Spitze eines hohen Felsens. Dann ließ er ihn stehen und dachte: 'noch
ein paar Schritte weiter, so stürzt er sich tot, und ich
kann ihm den Ring abziehen.' Aber der treue Löwe
hatte seinen Herrn nicht verlassen, hielt ihn am Kleide
fest und zog ihn allmählich wieder zurück. Als der
Riese kam und den Toten berauben wollte, sah er,
dass seine List vergeblich gewesen war. 'Ist denn ein
so schwaches Menschenkind nicht zu verderben!'
sprach er zornig zu sich selbst, fasste den Königssohn
und führte ihn auf einem andern Weg nochmals zu
dem Abgrund: aber der Löwe, der die böse Absicht
merkte, half seinem Herrn auch hier aus der Gefahr.
Als sie nahe zum Rand gekommen waren, ließ der
Riese die Hand des Blinden fahren und wollte ihn
allein zurücklassen, aber der Löwe stieß den Riesen,
dass er hinabstürzte und unten zerschmetterte.
Das treue Tier zog seinen Herrn wieder von dem Ab-

grund zurück und leitete ihn zu einem Baum, an dem
ein klarer Bach floss. Der Königssohn setzte sich da
nieder, der Löwe aber legte sich und spritzte mit seiner Tatze ihm das Wasser ins Antlitz. Kaum hatten ein
paar Tröpfchen die Augenhöhlen benetzt, so konnte
er wieder etwas sehen und bemerkte ein Vöglein, das
flog ganz nah vorbei, stieß sich aber an einem Baumstamm: hierauf ließ es sich in das Wasser herab und
badete sich darin, dann flog es auf, strich ohne anzu-
stoßen zwischen den Bäumen hin, als hätte es sein
Gesicht wiederbekommen. Da erkannte der Königssohn den Wink Gottes, neigte sich herab zu dem Wasser und wusch und badete sich darin das Gesicht.
Und als er sich aufrichtete, hatte er seine Augen wieder so hell und rein, wie sie nie gewesen waren.

Der Königssohn dankte Gott für die große Gnade und
zog mit seinem Löwen weiter in der Welt herum. Nun
trug es sich zu, dass er vor ein Schloss kam, welches
verwünscht war. In dem Tor stand eine Jungfrau von
schöner Gestalt und feinem Antlitz, aber sie war ganz
schwarz. Sie redete ihn an und sprach 'ach könntest
du mich erlösen aus dem bösen Zauber, der über mich
geworfen ist.' 'Was soll ich tun?' sprach der Königssohn. Die Jungfrau antwortete 'drei Nächte musst du
in dem großen Saal des verwünschten Schlosses zubringen, aber es darf keine Furcht in dein Herz kommen. Wenn sie dich auf das ärgste quälen und du
hältst es aus, ohne einen Laut von dir zu geben, so bin
ich erlöst; das Leben dürfen sie dir nicht nehmen.' Da
sprach der Königssohn 'ich fürchte mich nicht, ich
will's mit Gottes Hilfe versuchen.' Also ging er fröh-

lich in das Schloss, und als es dunkel ward, setzte er sich in den großen Saal und wartete. Es war aber still bis Mitternacht, da fing plötzlich ein großer Lärm an, und aus allen Ecken und Winkeln kamen kleine Teufel herbei. Sie taten, als ob sie ihn nicht sähen, setzten sich mitten in die Stube, machten ein Feuer an und fingen an zu spielen. Wenn einer verlor, sprach er 'es ist nicht richtig, es ist einer da, der nicht zu uns gehört, der ist schuld, dass ich verliere.' 'Wart, ich komme, du hinter dem Ofen', sagte ein anderer. Das Schreien ward immer größer, so dass es niemand ohne Schrecken hätte anhören können. Der Königssohn blieb ganz ruhig sitzen und hatte keine Furcht: doch endlich sprangen die Teufel von der Erde auf und fielen über ihn her, und es waren so viele, dass er sich ihrer nicht erwehren konnte. Sie zerrten ihn auf dem Boden herum, zwickten, stachen, schlugen und quälten ihn, aber er gab keinen Laut von sich. Gegen Morgen verschwanden sie, und er war so abgemattet, dass er kaum seine Glieder regen konnte: als aber der Tag anbrach, da trat die schwarze Jungfrau zu ihm herein. Sie trug in ihrer Hand eine kleine Flasche, worin Wasser des Lebens war, damit wusch sie ihn, und alsbald fühlte er, wie alle Schmerzen verschwanden und frische Kraft in seine Adern drang. Sie sprach 'eine Nacht hast du glücklich ausgehalten, aber noch zwei stehen dir bevor.' Da ging sie wieder weg, und im Weggehen bemerkte er, dass ihre Füße weiß geworden waren. In der folgenden Nacht kamen die Teufel und fingen ihr Spiel aufs Neue an: sie fielen über den Königssohn her und schlugen ihn viel härter als in der vorigen Nacht, dass sein Leib voll Wunden war. Doch da er alles still ertrug, mussten sie von ihm lassen, und als die Morgenröte anbrach, erschien die Jungfrau und heilte ihn mit dem Lebenswasser. Und als sie wegging, sah er mit Freuden, dass sie schon weiß geworden war bis zu den Fingerspitzen. Nun hatte er nur noch eine Nacht auszuhalten, aber die war die schlimmste. Der Teufelsspuk kam wieder: 'bist du noch da?' schrien sie, 'du sollst gepeinigt werden, dass dir der Atem stehen bleibt.' Sie stachen und schlugen ihn, warfen ihn hin und her und zogen ihn an Armen und Beinen, als wollten sie ihn zerreißen: aber er duldete alles und gab keinen Laut von sich. Endlich verschwanden die Teufel, aber er lag da ohnmächtig und regte sich nicht: er konnte auch nicht die Augen aufheben, um die Jungfrau zu sehen, die hereinkam und ihn mit dem Wasser des Lebens benetzte und begoss. Aber auf einmal war er von allen Schmerzen befreit und fühlte sich frisch und gesund, als wäre er aus einem Schlaf erwacht, und wie er die Augen aufschlug, so sah er die Jungfrau neben sich stehen, die war schneeweiß und schön wie der helle Tag. 'Steh auf', sprach sie, 'und schwing dein Schwert dreimal über die Treppe, so ist alles erlöst.' Und als er das getan hatte, da war das ganze Schloss vom Zauber befreit, und die Jungfrau war eine reiche Königstochter. Die Diener kamen und sagten, im großen Saale wäre die Tafel schon zubereitet und die Speisen aufgetragen. Da setzten sie sich nieder, aßen und tranken zusammen, und abends ward in großen Freuden die Hochzeit gefeiert.[30]

---

[30] KHM 121.

DER RABENKÖNIG

Es war einmal ein Mann, der hatte einen Sohn und hielt ihn für albern. Eines Tages schickte er ihn mit zwei Ochsen pflügen. Als er jetzt anfing zu pflügen, saß ein Rabe am Wege und sagte: „Hör, Knabe, gib mir einen Ochsen, ich bin so hungrig, wenn du mir ihn nicht gibst, so sterbe ich oder fresse dich." – „Ich möchte dir ihn ja gerne geben, aber mit was soll ich dann pflügen, mein Vater bringt mich um, wenn ich nach Hause komme." – „Aber so gib mir einen, dann geh zu meinem Vater, dem Rabenkönig, und sage ihm nur, warum du gekommen, er gibt dir eine ganze Herde Ochsen, wenn er hört, du hättest mir deinen gegeben, und er wird dir geben, was du verlangst, auch Schafe, Schweine, Pferde und Kühe." – „Wohin soll ich geh'n, ich kenne den Weg nicht." – „Der Weg führt grade von hier zu uns, aber ich will ihn dir mit den Flügeln schlagen." Der Rabe aß den Ochsen, dann schlug er den Weg von dort bis zu seinem Haus mit den Flügeln. Aber der Knabe ging mit einem Ochsen und dem Pfluge nach Hause. Als ihn sein Vater sah, fragte er: „Mein Sohn, wo hast du den andern Ochsen gelassen?" – „Ich habe ihn einem Raben zum Essen gegeben." – „Du dummer Kerl, was für eine Dummheit hast du jetzt wieder gemacht!" - „Ich habe keine Dummheit gemacht, für diesen einen erhalte ich eine ganze Herde, wenn ich ihn nicht gegeben hätte, würde er mich gefressen haben." - „Es wäre gut gewesen, wenn er dich gefressen, kaum hätte ich keinen Schaden mehr durch dich." - „Gute Gesundheit, Vater, ich gehe, um mir meinen Lohn zu bringen." - „Geh meinetwegen zum Teufel, dass du mir aus den Augen kommst, dass ich nicht auch noch eine Sünde begehe."

Der Bursch ging immer auf dem Wege, welchen der Rabe mit den Flügeln bezeichnete. Er kam an einer Schweinsherde vorbei und rief dem Hirten: „Wem gehört diese Herde?" – „Dem König der Raben." – „Füttert sie nur gut, sie gehören auch mir." Der Schweinshirt packte ihn und prügelte ihn gut durch. Er ging weiter, bis er eine Schafherde antraf. „Wem gehören diese Schafe?" – „Dem Rabenkönig." – „Füttert sie nur gut, sie sind auch mein." Der Schafhirt packte ihn und prügelte ihn gut durch. Er ging weiter bis zu einer Ochsenherde. „Wem gehören diese Ochsen?" – „Dem Rabenkönig." – „Füttert sie nur gut, sie sind auch mein." Auch der Ochsenhirt prügelte ihn, und er ging weiter, bis er zu der Pferdeherde kam. „Wem gehören diese Pferde?" - „Dem Rabenkönig." – „Füttere sie nur gut, sie sind auch mein." Der Pferdehirt fragte den Knaben: „Mein Sohn, wohin gehst du?" – „Sieh, so und so" und erzählte ihm alles wahr. „Hör, was ich dir sage: Wenn du zum König kommst, verlange nichts außer das Tischlein, das Hütlein und das Stöcklein. Wenn du zum Tischlein sagst: 'Decke dich, mein Tischlein in allen vier Ecken mit Speisen', hast du gleich Speisen und Getränke aller Art. Wenn du zum Hütlein sagst: 'Trop', dann kommen so viele Soldaten heraus, als du 'Trop' sagst, wenn du sie nicht mehr brauchst, sagst du 'trop hinein', dann gehen alle wieder hinein. Zum Stöcklein mußt du sagen: 'Dreh dich, mein Stöcklein', dann dreht es sich auf dem Rücken und haut den, welchen du willst."

Der Jüngling ging weiter, bis er zum König der Raben kam. Als er hineinkam, sagte er: „Guten Tag, Herr König!" – „Ich danke, mein Sohn, was bringt dich so weit bis zu mir?" - „Seht, Euer Sohn hat mich geschickt, Ihr solltet mir das Tischlein, Hütlein und Stöcklein geben, weil ich ihm meinen Ochsen zum Essen gegeben." – „Du Knabe, die kann ich dir nicht geben, die sind zu teuer, aber ich gebe dir alle Herden, die du gesehen." Nur einmal kam der Rabe heraus und sprach: „Vater, freust du dich denn nicht, dass mich dieser Bursch vom Hungertod errettet? Wenn er mir nicht seinen Ochsen gegeben, wäre ich vor Hunger gestorben, jetzt gib ihm auch, was er verlangt." Darauf ging der König und brachte ihm diese Sachen. Dieser dankte und ging heimwärts.

Als er zur Pferdeherde kam, rief er den Hirten, stellte das Tischlein auf die Erde und sagte: „Decke dich, mein Tischlein, in alle vier Ecken mit Speisen." Gleich standen Speisen und Getränke aller Art, sie setzten sich beide und aßen und tranken, bis sie satt waren. Dann nahm er sich das Tischlein auf den Rücken, das Hütlein auf den Kopf, das Stöcklein in die Hand und ging weiter bis zur Ochsenherde. „Dreh dich, mein Stöcklein." Nur einmal flog das Stöcklein auf den Rücken des Hirten und schlug ihn und schlug ihn, bis er immer „tulai" schrie. Dann ging er weiter zum Schafhirten. „Dreh dich, mein Stöcklein." Da lief es auf den Rücken des Hirten und prügelte auch diesen, bis er genug hatte. Dann ging er weiter bis zum Schweinehirten. „Dreh dich, mein Stöcklein." Auch dieser bekam, was er brauchte. Dann ging er weiter und kam nach Hause. „Nun Vater, nun Mutter, kommt und seht und esst euch einmal satt: 'Deck dich, mein Tischlein, in alle vier Ecken mit Speisen'." Die Eltern wunderten sich und zankten nicht mehr mit ihm und nannten ihn auch nicht mehr prost (dummer Kerl). Als sie gegessen, schrieb er einen Brief dem König, er solle morgen zu ihm zum Essen kommen, setzte auf den Brief seinen Namen und Hausnummer. Aber sein Haus war das elendeste aus dem ganzen Dorf, nur mit Stroh gedeckt. Als der König mit seinen Soldaten auf einer Kutsche gefahren kam, sah er nach der Hausnummer und sah diese Hütte und schüttelte den Kopf. Aber es war dieselbe Zahl, die im Brief stand. Er ging hinein, und der Bursch kam ihm entgegen und setzte ihn hinter den Tisch und brachte so viel Speisen und Getränke, wie auch der König noch nie gesehen. Er wunderte sich und sprach zum Kutscher, er solle sehen, von wo dieser so gute Speisen bringe. Der Kutscher ging hinter dem Burschen und hörte, wie dieser sagte: „Decke dich, mein Tischlein, in alle vier Ecken mit Speisen." – „Diese Sache gefällt mir, geh und stiehl das Tischlein und versteck es in die Kutsche", befahl der König dem Kutscher. Als er dann gegessen, fuhr er mit dem Tischlein fort. Als der Bursch abends essen wollte, sah er, dass das Tischlein fort war. Er dachte gleich, das könne niemand anders gestohlen haben als der König, und schrieb, er solle ihm das Tischlein gleich zurückschicken, sonst käme er mit seinen Soldaten und mache Krieg. Der König aber dachte, von wo sollte dieser arme Mann Soldaten haben, und schickte ihm 40 entgegen. Aber der Bursche nahm das Hütlein und sagte: „Trop, trop, trop, trop usw.", nur einmal kamen die Soldaten heraus, und diese schlugen die 40 gleich, dass nicht einer übrig blieb. Der König schickte wieder und wieder, aber die aus dem Hütlein schlugen sie alle. Als der König sah, es sei nicht Spaß, kam er selbst mit einem Regiment, aber wie erschrak er, als er sah, wie viele dieser Bursch hatte! Jetzt gab er ihm das Tischlein und sein halbes Königreich und seine Tochter zur Frau. Dann lebten sie gut und in Frieden und Gesundheit von der Jugend bis ins Alter, und als der Alte starb, wurde er König.[31]

---

[31] Pauline Schullerus, Rumänische Volksmärchen aus dem mittleren Harbachtal. Originaltitel: Tischlein, Hütlein, Stöcklein.

DER GRAUSAME SCHAH

In alten Zeiten regierte in einem Lande ein grausamer Schah. Eines Tages kam es ihm in den Sinn zu befehlen: "Wenn in einem Hause jemand stirbt, muss der Tote über die Dächer, von Dach zu Dach, bis auf den Friedhof getragen werden. Wer diesem Befehl nicht gehorcht, hat sein Leben verwirkt." In diesem Lande lebte ein steinalter, ganz weißhaariger Märchenerzähler. Er fasste Mut und ging zum Schah in den Palast. "Weshalb bist du hergekommen?" herrschte dieser ihn an. Und der Dichter entgegnete: "Leidet das Volk etwa nicht genug unter Bedrängnis, Hunger und Elend? Und nun hast du auch noch diesen unsinnigen Befehl erteilt. Um ihre Toten zu begraben, quälen sich die Menschen fünf, ja sogar zehn Tage lang. Welch einen Genuss hast du davon?" Der Schah geriet in Wut. "Es wird gesagt, weißhaarige Greise seien klug", höhnte er. "Das ist fürwahr eine Lüge! Da kommt so ein Alter ohne Verstand zu mir und will mir Vorschriften machen. Weg mit ihm und sofort hinrichten!", schrie er. Danach erließ er einen neuen Befehl. "Alle Weißbärtigen sind zu köpfen!" Die Henker gingen durch die Häuser, suchten weißbärtige alte Männer und enthaupteten sie. Einige retteten sich durch Flucht, andere verbargen sich in Vorratskammern, Kellern und anderen Verstecken, wo man sie nicht finden konnte.

Den Schah gelüstete es, einen Feldzug zu unternehmen, und er befahl, dass sich alle Krieger unter dreißig Jahren bereitzumachen halten. "Wer im einunddreißigsten Jahre ist, der soll daheim bleiben! Er hat schon zu wenig Kraft", urteilte er. Der Schah hatte einen Wesir, der ihn eines Besseren zu belehren versuchte: "Warum sprecht Ihr so, mein Gebieter? Ihr habt doch schon so viele Menschen vergebens umkommen lassen!" Der Schah duldete jedoch keine Widerrede. "Was verstehst du, Dummkopf!" fuhr er den Wesir an. "Untersteh dich, mir zu widersprechen! Falls du noch einmal wagst, so etwas zu behaupten, lasse ich dir geschmolzenes Blei in den Mund gießen." Sakir, ein Krieger des Schahs, hatte einen achtzigjährigen Vater. In den Tagen, da der Schah alle Männer über fünfundvierzig Jahre köpfen ließ, hatte Sakir seinen Vater verborgen. Als er ins Feld ziehen musste, nahm er von seinem Vater Abschied. Der Alte sagte: "Nun ziehst du davon, mein Sohn, ob du aber wiederkommen wirst, weiß niemand. Außer dir habe ich niemanden, der sich um mich sorgt. Wie soll ich die ganze Zeit leben, während du fern bist? Geh zum Schah und sage ihm, er soll mich töten lassen. Du wirst mich begraben und dann davonziehen. Oder nimm mich mit dir!" Sakir brachte es nicht übers Herz, seinen Vater zu verlassen. Er zimmerte eine Truhe, verbarg den Alten darin und nahm die Truhe mit. Mit seinem Heer trat der Schah einen weiten Marsch an. Sie zogen dahin, bis sie zu hohen Bergen kamen, an deren Fuß ein mächtiger Fluss dahinströmte. Schäumend rauschten seine klaren Wellen. Der Schah ließ seine Krieger haltmachen und ein Lager aufschlagen.

Am Abend gewahrte er plötzlich einen wunderbaren Lichtschein. In der Tiefe des Wassers blinkten zwei

Diamanten wie helle Sterne am schwarzen Nacht-
himmel. Der Schah rief einen Krieger herbei und befahl ihm, nach den Diamanten zu tauchen. Der Krieger sprang in die Tiefe, kam aber nicht wieder hervor.
Der Schah rief noch andere Krieger herbei. Sie alle
tauchten einer nach dem anderen unter, aber keiner
kam zurück. Da wagte einer der Krieger, sein Bedenken
ken zu äußern: "O mein Herrscher!" sagte er, "in so
eine Tiefe zu tauchen ist nicht möglich. Warum sollen
wir unnütz zugrunde gehen?" - "Was sagst du da, du
Tor!" schrie der Schah. "Wäre der Fluss so tief, könnte
man dann die Diamanten auf seinem Grunde sehen?
Für deine Redereien hast du dein Leben verwirkt!
Henker her!" Der Krieger wurde hingerichtet.
Der Schah ließ immer neue Männer in den Fluss
springen.
Als die Reihe an Sakir kam, eilte dieser in sein Zelt,
öffnete die Truhe und sagte jammernd: "Lebt wohl,
Vater, verzeiht mir und tragt mir nichts nach!" - "Was
ist denn geschehen, mein Sohn?" fragte der Alte erschrocken. Der Sohn erzählte ihm, was der Schah be-
fohlen hatte und wie viele Krieger schon in dem Fluss
umgekommen waren.

Der Alte dachte ein Weilchen nach, dann sagte er:
"Gibt es am Ufer nicht einen Baum?" - "Ja, es gibt einen." - "Die Diamanten sind nicht im Fluss, sondern
auf dem Baum. Im Wasser sieht man ihr Spiegelbild",
fuhr der Alte fort. "Schau dich recht gut um, mein
Sohn, und wenn du an der Reihe bist, dann laufe zu
dem Baum und klettere hinauf. Die Diamanten liegen
in einem Vogelnest, wickle sie in deinen Gürtel und

springe gleich von dort ins Wasser. Dann wirst du wieder herauskommen."

Der Jüngling nahm Abschied von seinem Vater und begab sich zum Schah. Dieser befahl ihm, nach den Diamanten zu tauchen. Da lief Sakir zu dem Baum und kletterte hinauf. "Warum kletterst du auf den Baum?" grollte der Schah. "O mein Gebieter! Um recht tief zu tauchen, will ich mich von der Krone hinabstürzen. Ich hole die Diamanten, selbst wenn sie in der Erde verborgen sein sollten!"

Der Jüngling erstieg den Baum und sah in einem Vogelnest zwei Diamanten im Mondlicht schimmern. Sofort nahm er sie heraus, wickelte sie in seinen Gürtel, stürzte sich in den Fluss und verschwand in den Fluten. Während Sakir bei seinem Vater war, hatte der Schah aber verkündet: "Wer ohne die Diamanten aus dem Wasser kommt, dem lasse ich bei lebendigem Leibe die Haut abziehen!" Nun tauchte der Jüngling empor, stieg ans Ufer und überreichte dem Schah die Diamanten. "Du bist ein tüchtiger Bursche!" lobte ihn der Schah und klopfte ihm auf die Schulter. Am nächsten Morgen zog der Schah mit seinem Heer das Flussufer entlang. An einer Stelle sahen sie eine Unmenge Ameisen. "Warum laufen hier die Ameisen umher? Was wollen sie?" erkundigte sich der Herrscher. Aber niemand konnte seine Frage beantworten. Da verkündete er: "Jeden Tag werde ich zwei Männer fragen. Wessen Antwort mir gefällt, den werde ich loben, und wessen Antwort mir missfällt, den lasse ich hinrichten." Nachdem Sakir den Befehl des Schahs vernommen hatte, ging er wieder zu seinem Vater und erzählte ihm alles. Da sagte der Alte: "Geh zum Schah und erkläre dich bereit, seine Frage zu beantworten. Dann sagst du: 'Auf dem Grunde des Flusses liegt ein Buttertopf, darum wimmelt es hier von Ameisen.' Wenn der Schah verlangt, dass du den Topf holst, dann sagst du: 'Gut, ich hole ihn!' Danach kletterte auf einen Baum und schieße von dort einen Pfeil auf den Schah ab. Ziele aber recht gut, geradewegs in seinen Mund, um ihn zu töten. Soll er verrecken! Durch diesen Wüterich müssen so viele Menschen umkommen."

Sakir trat vor den Schah und sagte: "Ich will Eure Frage beantworten, hoher Gebieter. Auf dem Flussgrund liegt ein Buttertopf. Darum wimmelt es hier von Ameisen." Der Schah ergrimmte. "Welchen Sinn hat es, wenn so viele Ameisen hier umherlaufen, der Topf aber auf dem Flussgrund liegt. Diese Antwort taugt nicht!" Der Schah rief den Henker herbei und befahl ihm, Sakir den Kopf abzuschlagen.

Da bat der Jüngling den Schah: "O erhabener Schah, erlaubt mir, dass ich den Topf vom Grund des Flusses heraufhole und ihn Euch zeige!" Der Schah war einverstanden: "Hole ihn heraus und zeige ihn mir!" Sakir rannte zu dem Baum, kletterte hinauf, setzte sich recht bequem auf einen Ast, zielte und schoss den Pfeil ab. Dieser traf so gut, dass er dem Schah in den Mund drang und seine Spitze durch ein Ohr herauskam. Der Schah fiel tot zu Boden. Als der Jüngling vom Baum kletterte, umringten ihn die Krieger, schlossen ihn in die Arme und sagten voller Freude: "Du hast ein gutes Werk getan!" Da antwortete Sakir: "Nicht ich habe es getan, sondern mein Vater. Schade, dass so viele Menschen vergebens umgekommen sind und der Tyrann so viele schuldlose Väter gemordet hat." Die Krieger begaben sich zu dem weisen Alten, dankten ihm, dass er sie von dem grausamen Schah befreit hatte, und wählten ihn in allen Ehren zu ihrem Anführer.[32]

---

[32] Die Märchenkarawane, aus dem usbekischen Märchenschatz, Berlin 1959.

DREI JÄGER

Es war einmal ein Bauer, der hatte drei Söhne, und die waren alle große Jäger. Aber soviel sie auch jagten, keiner von ihnen hatte Glück. Und als sie einmal durch dichten Wald ritten, verirrten sie sich. Drei Tage zogen sie umher und fanden dann endlich auf die Landstraße hinaus. Da sprachen sie zueinander: „Lasst uns, Brüder, jeder sein Glück probieren." Auf der Landstraße aber stand eine Säule. Und von der Säule gingen drei Wege ab, und drei Tafeln hingen an ihr, auf denen stand geschrieben: „Wer nach rechts reitet, der wird selbst satt, aber sein Ross bleibt hungrig; wer nach links reitet, dessen Pferd wird satt, aber selbst bleibt er hungrig; wer den dritten Weg reitet, wird Zar im Reiche des Wachramej werden."

Sie waren alle von gleicher Stimme, von gleichem Haar und von gleichem Wuchs, wie ein Mann. Ivan Ivanyvitsch aber war der älteste Bruder. Er ritt in das Reich des Zaren Wachramej; der Zar empfing ihn und fragte: „Wie heißt du? und welche Künste kannst du?" – „Ich bin ein großmächtiger Jäger." Da schickte ihn der Zar auf die Jagd. Der Wald jedoch war ein undurchdringliches Dickicht. Ein Löwentier, so groß wie ein Berg, kam dem Jäger entgegen. Er legte an, um zu schießen, aber die Löwin sagte: „Töte mich nicht, Ivan Ivanyvitsch: ich gebe dir mein Junges, das wird dir von Nutzen sein." Ein wenig weiter kam ihm eine Bärin entgegen. Er legte an, um zu schießen, aber sie sagte: "Ach, Ivan Ivanyvitsch, töte mich nicht: hier hast du ein Bärchen zum Geschenk, es wird dir von

Nutzen sein." Da tötete er die Bärin nicht. Ein wenig weiter kam ihm eine Wölfin entgegen und sagte: „Ach, Ivan Ivanyvitsch, töte mich nicht!" Er schoss nicht, und die Wölfin gab ihm dafür ein Junges. Er kaufte sich ein Pferd, und sein Löwe, sein Bär und sein Wolf folgten ihm überallhin nach. Der Zar Wachramej gab Ivan Ivanyvitsch seine Tochter zur Frau, und nach der Hochzeit wollte Ivan mit seinem Löwen, seinem Bären und seinem Wolf auf die Jagd gehen. Es war aber in diesem Reich nach Norden zu eine abgelegene Wildnis. Die Frau sagte zu Ivan: „Mein Liebster, reit nicht in jenes Walddickicht! Dort herrschen grimmige Fröste und große Kälte." Er ritt jedoch über Land und dachte bei sich: „Was bin ich für ein Jäger, wenn ich nicht in jene Wildnis reite?" So ritt er denn hin gen Norden in den Zauberwald.

Als er in den Wald kam, ward es dunkel; ein kalter Wind ging, und grimmiger Frost fiel ein. Er fing an umherzuirren, verirrte sich ganz in dem Walde und nächtigte dort. Da sah er irgendwo in der Ferne ein Licht aufleuchten. „Nun mach dich auf, Löwe, du bist stark und flink, bring uns von dem Feuer! Und du, Bärchen, schlepp Brennholz herbei! Und du, Wölfchen, bring uns ein Ferkel zum Abendbrot!" Der Löwe brachte Feuer, der Wolf ein Ferkel und der Bär das Brennholz, und Ivan zündete das Feuer an und briet das Ferkel zum Abendessen.

In diesem Walde aber wohnte eine Hexe, die hieß Baba-Iga, das Knochenbein; sie war braun wie Leder, und ihre Augen waren wie Kohlen. Als Ivan und seine Tiere anfingen zu essen, schleppte sie sich heran und zitterte erbärmlich. „Ach, mein lieber Bursch, der du hier übernachtest, erlaube mir, mich zu wärmen, sonst muss ich erfrieren!" – „Ach, Großmütterchen, komm und wärme dich!" – „Nein, Väterchen, ich fürchte mich vor deinen Tieren." – „Fürchte dich nicht, Großmütterchen, komm her, dir wird nichts geschehen." – „Nein, Väterchen, reiß zuerst fünf Haare aus: von deinem Kopf, von deinem Pferd und von deinen Tieren." Er riss sie aus und gab sie ihr. Und sowie sie die Haare anblies, wurden Ivan Ivanyvitsch und seine Tiere zu Stein. Zu Hause aber wartete seine Frau auf ihn.

Ivans Bruder Danila Ivanyvitsch ging seines Weges und begegnete einer Löwin. Er wollte auf sie schießen, aber die Löwin sagte: „Ach, Danila Ivanyvitsch! töte mich nicht: hier hast du ein Löwenjunges, es wird dir von Nutzen sein." Danila tötete die Löwin nicht, sondern nahm ihr Junges mit sich. Ein wenig weiter kam ihm eine Bärin entgegen. Er wollte sie töten, doch sie sagte: „Ach, Danila Ivanyvitsch, töte mich nicht: da hast du ein Bärchen zum Geschenk, es wird dir von Nutzen sein." Er nahm das Junge mit sich und ritt weiter. Da begegnete ihm eine Wölfin und sagte: „Ach, Danila Ivanyvitsch, töte mich nicht: da hast du ein Wölfchen, es wird dir von Nutzen sein." Er nahm das Junge mit sich und ritt davon. Und er kam in das Reich des Zaren Wachramej. Die Zarentochter aber dachte, dass er ihr Gatte sei, und er erkannte, dass sie die Frau seines Bruders sein müsse. Sie küsste ihn und drückte seine Hände an ihr Herz und sprach: „Ich dachte, dass du nicht mehr zurückkommen würdest, denn von den Unsrigen ist bisher noch niemand von dort zurückgekehrt." Sie gab ihm zu trinken und zu essen, schlug das weiße Lager auf, bettete ihn zur Ruh und legte sich an seine Seite. Er aber legte ein bloßes Schwert zwischen sich und die Zarentochter und sprach: „Höre, mein liebes Weib! Wer sich in dieser Nacht dem andern zuwendet, dessen Haupt soll fallen!" Sie lagen da und rührten sich nicht. Frühmorgens machte er sich auf zu jagen. Sie sprach aber zu ihm: „Ach, mein Liebster, reit nicht in jenes Land gen Norden: von dort ist keine Wiederkehr!" Er ritt aber fort und wandte sich der Wildnis zu. Es wurde sehr kalt, und da schlug er dort sein Nachtlager auf. Den Löwen schickte er nach Feuer, den Bären nach Brennholz und den Wolf nach einem Ferkel. Als sie ihr Abendbrot zubereiteten, kam die Baba-Iga, das Knochenbein; braun war sie wie Leder, und ihre Augen waren wie Kohlen, zitternd schleppte sie sich heran. „Ach, erwärme mich!" - „Komm her, Großmütterchen, und wärme dich!" – „Nein, Väterchen, reiß zuerst fünf Haare aus: von deinem Kopf, von deinem Pferd und von deinen Tieren." Er riss sie aus und gab sie ihr. Und so wie sie die Haare anblies, wurden Danila Ivanyvitsch und seine Tiere zu Stein. Der dritte Bruder, Mikita Ivanyvitsch, ritt seines Weges. Eine Löwin kam ihm entgegen. Er wollte sie töten, aber die Löwin sprach: „Ach, Mikita Ivanyvitsch! Töte mich nicht: hier hast du ein Junges, es wird dir von Nutzen sein." Er nahm das Löwenjunge mit und ritt weiter. Da begegnete ihm eine Bärin: „Ach, Mikita Ivanyvitsch, töte mich nicht: hier hast du ein Bärchen, es wird dir von Nutzen sein". Er nahm das Junge mit und ritt weiter. Dann kam ihm eine Wölfin entgegen: „Ach, Mikita Ivanyvitsch, töte mich nicht: hier hast du ein Wölfchen, es wird dir von Nutzen sein." Mikita kam zu der Säule, bei der sich die Brüder getrennt hatten, aber die Schrift auf den Tafeln war ausgelöscht. Da sprach er: "Gewiss sind meine Brüder nicht mehr am Leben! Ich will hinreiten und sie suchen." Er war aber ein riesenstarker, mächtiger Held und ein tapferer Krieger. Als er zu der Tochter des Zaren Wachramej kam, ward sie sehr froh, als sie ihn erblickte, und hielt ihn für ihren Mann. Sie küsste ihn und drückte seine Hände an ihr Herz. Bevor er aber zur Ruhe ging, legte er das Schwert sich zu Häupten und sprach: „Weib! wer sich in dieser Nacht dem andern zukehrt, dessen Haupt soll fallen." Da rührte sich keines von ihnen während der ganzen Nacht. Am Morgen stand er auf und ritt fort, seine Brüder zu suchen. Er ritt gen Norden in den wilden Wald und kam zu jenen Steinen. Den Löwen schickte er nach Feuer, den Bären nach Brennholz und den Wolf nach einem Ferkel, und dann fing er an, das Abendbrot zu bereiten. Da schleppte sich zitternd die Baba-Iga heran und bat: „Ach, guter Gesell, erlaube mir, mich zu wärmen!" - „Komm heran, Großmütterchen, und wärme dich!" - „Nein, Väterchen, gib mir erst fünf Haare von deinem Kopf, von deinem Pferd und von deinen Tieren."

Doch da rief er: „Heda! mein Löwe, und du, mein Bär, und du, mein Wolf, schleppt sie einmal aufs Feuer!" Sie drehte sich und wand sich, aber die Tiere zerrten sie aufs Feuer. Doch da schrie sie mit riesenstarker

Stimme: „Ach, Mikita Ivanyvitsch, lass mich nicht verbrennen! Deine beiden Brüder will ich wieder lebendig machen!" - „Nun gut, dann erwecke sie!" Kaum blies sie darauf die Steine an, wurden sie wieder zu Menschen. „Jetzt, Bruder Ivan und Danila, verbrennt sie!" Und sie packten und verbrannten die Hexe.

Dann ritten sie alle drei in das Reich des Zaren Wachramej. Der aber gab einen großen Ball, auf dem waren alle Könige. Und als sie am Meere lustwandelten, da warf ein Meeresungeheuer einen Brief ans Ufer. Den fanden die Könige, und dort stand geschrieben: „Ivan Ivanyvitsch, Danila Ivanyvitsch und Mikita Ivanyvitsch! Weil ihr meine Mutter getötet habt, so werd ich euer Reich vernichten; wenn du aber, Wachramej, nicht willst, dass dein Reich zugrunde geht, so führe deine Tochter in einem goldenen Wagen an das Meeresufer." Der Zar Wachramej setzte seine Tochter in einen goldenen Wagen und stellte ihn am Ufer des Meeres auf. Dann rief er: „Ach, ihr Brüder, wollt ihr nicht das Ungeheuer töten, wie ihr die Baba-Iga getötet habt?" Da machten sich die Brüder bereit und stellten sich nachts beim Wagen auf. „Wohlan, ihr Löwen, haltet die Hinterräder fest, und ihr, Bären, legt euch zu den Seiten nieder, aber ihr, Wölfe, packt das Ungeheuer am Hals, wenn es aus dem Wasser herauskommt." Um Mitternacht erbrauste das Meer, und die Erde erbebte. Das Ungeheuer warf sich aus dem Meer hervor und fing an, den Wagen ins Wasser zu ziehen, die Löwen aber ließen es nicht zu. „Heran, ihr Bären, werft euch ihm auf die Schultern, und ihr, Wölfe, reißt es an den Waden!" Und sie hieben das Untier in kleine Stücke. Dann zogen die Bären die Zarentochter in den Palast, und viele Dankgebete wurden gehalten. Ivan Ivanyvitsch wurde zum Zaren über das Reich des Wachramej bestimmt, Danila Ivanyvitsch über Asien und Mikita Ivanyvitsch über Amerika.[33]

---

[33] August von Löwis of Menar: Russische Volksmärchen

WIE DAS SIEBENGESTIRN ENTSTAND

Es waren einmal zwei große Länder; das eine wurde
von König Petar beherrscht und das andere von König
Tatarin. König Petar hatte eine Tochter, die schöner
war als alle Jungfrauen der ganzen Welt. Deshalb
sandte König Tatarin eines Tages einen Boten zu König Petar und ließ ihm bestellen, dass er seine Tochter
zur Frau haben wolle. „Bekomme ich sie nicht", so
schrieb er, „dann werde ich dein Land mit Krieg
überziehen, dein Volk unterwerfen, deine Dörfer und
Städte zerstören, deine Tochter entführen und dich
gefangen nehmen." — „Geh zu König Tatarin zurück", erwiderte König Petar, „und bestelle .ihm, dass
meine Tochter gestorben ist. Er soll sich eine andere
Braut suchen und seine Kriegspläne aufgeben."
Kaum war der Bote fort, da ließ König Petar in aller
Eile einen unzugänglichen Turm bauen, in dem zwei
Menschen mit einem Lebensmittelvorrat für drei Jahre
Platz hatten. Als der Turm fertig war, ging er mit seiner Tochter hinein und ließ sich einmauern. Zuvor
hatte er seinen treuen Diener auf den Thron gesetzt
und ihm aufgetragen, das Land drei Jahre lang zu re-
gieren, nach Ablauf der drei Jahre den Turm einzurei-
ßen und ihn und die Prinzessin wieder herauszuho-
len. Und wenn jemand nach ihm, dem König Petar,
fragen sollte, dann müsste er sagen, dass der König
Petar sein Land verlassen hätte und ausgezogen wäre,
um den Sonnenkönig zu fragen, aus welchem Grunde
die Wintertage kurzer und obendrein kälter seien als
die Sommertage, denn dadurch seien seine Unterta-
nen nicht imstande, das ganze Jahr hindurch mit

gleichmäßigem Fleiß zu arbeiten, sondern müssten im Winter die Hände in den Schoß legen.

Kurz darauf kam auch König Tatarin wirklich angeritten, und als Petars Diener ihm sagte, was sein Herr ihm aufgetragen hatte, suchte er das Schloss nach ihm und seiner Tochter ab. Da dort aber Grabesstille herrschte und sie auch im ganzen Land nicht aufzufinden waren, kehrte er zurück und gab seine Kriegspläne auf.

Drei Jahre vergingen, und eines Tages war es so weit, dass der Turm eingerissen wurde. Aber nur König Petar kam wieder zum Vorschein — seine Tochter verschwand im selben Augenblick, als die Maurer den ersten Stein aus der Mauer nahmen. Am selben Tage wurde ein Sklave zum Tode verurteilt, und viele Bürger der Stadt strömten herbei, um der Hinrichtung beizuwohnen. Da rief der Sklave mit lauter Stimme: „Wenn König Petar wüsste, was er nicht weiß, würde er mir die Freiheit und das Leben schenken und mich aussenden, dass ich ihm seine Tochter zurückhole!" Das hörte der König, und er ließ den Sklaven zu sich kommen. „Würdest du mir tatsächlich meine Tochter zurückbringen, falls ich dir das Leben schenke?" — „Ja", erwiderte der Sklave, „vorausgesetzt, dass du mich auch von meinen schweren Ketten befreist." Da ließ König Petar ihm die Ketten abnehmen, gab ihm einen Zehrpfennig und schickte ihn auf die Suche. Lange streifte der Sklave durch die Welt und erkundigte sich überall nach der Prinzessin. Aber niemand wusste etwas von ihr.

Und nachdem er neun Länder durchwandert hatte, sah er an der äußersten Grenze des neunten eine Hüt-

te stehen, ging hinein und erblickte eine alte Frau.
„Gott zum Gruß, Mütterchen!" rief er, trat vor die Alte
hin und küsste ihr die Hand. „Gott schütze dich.
Söhnchen! Was bringst du Gutes?" — „Ich suche die
Tochter des Königs Petar", gab der Sklave zur Antwort und erzählte ihr alles. „Dein Glück, dass du mich
beim Eintreten Mütterchen genannt und mir die Hand
geküsst hast", sagte die Alte. „Dadurch bist du nun
mein Sohn. Meine übrigen Söhne sind Drachen. Wen
sie hier antreffen, den zerfleischen sie. Aber ich werde
dich schützen."

Sie setzte sich neben ihn und erzählte weiter: „Mein
ältester Sohn ist ein so gewandter Dieb, dass er einem
lebendigen Schaf das Lamm aus dem Leib stiehlt, ohne dass das Schaf es merkt. Mein zweiter Sohn hat
eine so scharfe Nase, dass er alle Spuren wittert, mögen sie auch neun Jahre alt sein. Mein dritter Sohn ist
ein Baumeister, der schneller ein Schloss bauen kann,
als man in die Hände klatscht. Mein vierter Sohn ist
ein Meisterschütze, der jeden Stern am Himmel trifft.
Der fünfte ist so ein gewandter Fänger, dass er den
Blitz zu greifen vermag. Wenn meine Söhne es nicht
fertig bringen, die Prinzessin zu finden, dann wird es
niemandem gelingen."

Da donnerte und krachte es hinter der Tür, und die
fünf Drachen kehrten heim. Flink versteckte die Alte
den Sklaven, damit die Drachen ihn nicht zerfleischen.
„Guten Abend, Mütterchen!" riefen sie, als sie zur Tür
hereinkamen. „Gott schütze euch, Kinderchen!" erwiderte die Alte. „Herzlich willkommen! Wie steht's,
wie geht's?" — „Gut, Mütterchen!" erwiderte der Älteste. „Hier riecht's nach Menschenfleisch!" rief der

Jüngste plötzlich. „Gestehe, Mütterchen, ist ein Fremder im Haus?" — „Du hast es erraten, Söhnchen. Aber es ist kein Fremder, sondern euer Nennbruder, den ich an Kindesstatt angenommen habe, weil er mich bei seinem Eintritt Mütterchen nannte und mir die Hand küsste." — „Und was ist unserem Nennbruder vonnöten?" fragte der Jüngste. „Er sucht die Tochter des Königs", erwiderte die Alte, erzählte ihnen alles und fügte hinzu: „Morgen früh, Kinderchen, sollt ihr euch auf die Suche nach der Prinzessin machen. Jetzt aber schwört mir, dass ihr eurem Nennbruder kein Haar krümmen werdet." Das schworen die Drachen. Da ließ sie den Sklaven unter dem Waschtrog hervorkriechen. Er begrüßte seine neugewonnenen Brüder, küsste sich der Reihe nach mit allen und verlor dabei mehr als drei Schöpfkellen voll Blut. Dann aßen sie zu Abend und gingen zur Ruh. Die Drachenmutter und ihre Söhne schliefen sogleich ein, der Sklave aber wälzte sich vor Schmerzen auf seinem Lager hin und her, bis der Tag graute.

Bei Tagesanbruch standen die Drachenbrüder auf und zogen mit ihrem Nennbruder ins Land des Königs Petar. Beim Turm angelangt, nahm der Drachenbruder mit der scharfen Nase die Spur der Prinzessin auf und stellte fest, dass sie vom siebenköpfigen Drachen entführt worden war. Der Dieb unter den Drachenbrüdern schlich auf leisen Sohlen ins Schloss des siebenköpfigen Drachens. Dieser lag in tiefem Schlafe, um die Prinzessin herumgeringelt. Ohne dass er es merkte, stahl der Dieb sie weg und trug sie aus dem Schloss. Doch beim Erwachen wusste der siebenköpfige Drachen gleich, wer sie gestohlen hatte, und

jagte den Drachenbrüdern nach. Sie erblickten ihn, als
er schon ganz nahe war, und der Baumeister errichte-
te blitzschnell eine Burg, in der sich alle verbargen.
Wütend umzingelte der siebenköpfige Drache sie mit
seinen Köpfen, indem er drei nach rechts, drei nach
links und den mittleren darüber hinweg reckte, und
spie mit allen sieben Rachen Rauch und Feuer; die
Sonne verhüllte sich, tiefe Finsternis sank über die
Erde, und die Burg zerfiel zu Staub. Er riss die Prinzessin an sich und schwang sich mit ihr zu den Wolken empor. Da spannte der Meisterschütze seinen Bogen und traf das Ungeheuer ins Herz, so dass es die
Prinzessin fallen ließ und selber hinterdrein fiel. Aber
der Fänger sprang vor und fing sie behutsam auf, damit sie sich kein Leid tat. Und als der siebenköpfige
Drache zu Boden krachte, stürzten sich die übrigen
Brüder auf ihn und schlugen ihm alle sieben Köpfe ab.
Auf diese Weise befreiten die fünf Drachenbrüder
und ihr Nennbruder, der Sklave, die schöne Prinzessin aus der Gefangenschaft. Aber sie wurden ihrer
nicht froh und begannen sogleich zu streiten, wessen
Frau sie werden sollte. „Brüder, die Jungfrau gehört
mir!" rief der Sklave. „Hätte ich mich nicht auf die
Suche nach ihr gemacht, so hättet ihr sie niemals finden können!" − „Nein! Sie ist mein!" widersprach der
erste Drachenbruder, „denn ich habe ihre Spur aufge-
nommen." − „Nein, sie ist mein!" widersprach der
zweite. „Denn ich habe sie weggestohlen." − „Nein,
sie ist mein!" widersprach der dritte. „Denn ich habe
die Burg gebaut, in der wir Zuflucht fanden." −
„Nein, sie ist mein!" widersprach der vierte. „Denn
mein Pfeil hat den siebenköpfigen Drachen ins Herz

getroffen." — „Nein, sie ist mein!" widersprach der
fünfte. „Denn ich fing sie auf, als sie aus den Wolken
fiel."

Streitend gingen sie weiter, bis sie die Mutter der
Winde trafen. „Bitte, schlichte unseren Streit!" baten
sie. Die Mutter der Winde hörte sich den Streitfall an.
„Sagt mir zuvor, was euch die Mutter des Mondes
geraten hat!" erwiderte sie. „Bei ihr waren wir noch
nicht!" sagten die Brüder. „Dann geht zu ihr", riet die
Mutter der Winde. „Sie kann euren Streit besser
schlichten, zieht ihr Sohn doch über den größten Teil
der Welt." Da gingen die Brüder mit der Prinzessin
zur Mutter des Mondes. „Wart ihr schon bei der Mutter der Sonne?" fragte diese, als sie ihr den Streitfall
vorgetragen hatten. „Nein", antworteten die Brüder.
„Dann geht zu ihr", riet die Mutter des Mondes. „Sie
kann euren Streit besser schlichten, zieht doch ihre
Tochter über die ganze Welt."

Da gingen die Brüder mit der Prinzessin zur Mutter
der Sonne. „Die Mutter des Mondes schickt uns", er-
klärten sie. „Du sollst entscheiden, wem die Prinzessin gehört." Und sie erzählten ihr den Streitfall. „Habt
ihr selber eine Mutter, Kinderchen?" fragte die Mutter
der Sonne. „Freilich", erwiderten die Brüder. „Dann
geht zu ihr, Kinderchen!" sagte die Mutter der Sonne.
„Die eigene Mutter kann einen Streit ihrer Kinder
stets am besten und gerechtesten schlichten. So wird
euch auch eure Mutter sagen können, was mit der
Prinzessin geschehen soll." Da kehrten die Brüder
nach Hause zurück und berichteten ihrer Mutter, was
sie erlebt und welche Taten sie vollbracht hatten, dass
sie ratsuchend umhergewandert wären und warum

die Mutter der Sonne sie zu ihrer eigenen Mutter zurückgeschickt hatte. „Hört, meine Kinder, den Rat
eurer Mutter!" erwiderte sie lächelnd. „Ihr seid meine
Söhne, und die Prinzessin soll meine Tochter sein. Ihr
seid Brüder, und sie soll eure Schwester sein." Und
die Brüder fügten sich ihrer Entscheidung.
Seitdem stehen die sechs Brüder mit ihrer Schwester
am Himmel. Es sind die funkelnden Sterne des Sie-
bengestirns. Alljährlich besuchen sie die Mutter der
Winde, die Mutter des Mondes und die Mutter der
Sonne, um sich für die Ratschläge zu bedanken, die
jene ihnen gaben. Das tun sie am 28. Juni und am 26.
November, denn zu dieser Zeit stehen sie nicht am
Himmel.[34]

---

[34] Quelle: Jugoslawien.

DIE BUNT GESCHECKTEN

Ein junger Bursche namens Markelja geriet in türkische Gefangenschaft und verbrachte dort viele Jahre. Da er aber in allen Sätteln gerecht war, dazu auch witzig und sangesfreudig, hatte ihn jedermann gern. Auch ein türkischer Wesir gewann ihn lieb und beschloss, ihn zum Islam zu bekehren und zu adoptieren. Mit Lügen und Schmeicheleien versuchte er den Burschen so weit zu bringen, dass er den mohammedanischen Glauben annahm, doch dieser ließ sich nicht fangen, rutschte ihm wie ein Aal aus den Fingern. Das ging eine Weile so, aber dann verlor der Wesir die Geduld. Er befahl, Markelja in die Moschee zu bringen und ihn gewaltsam mohammedanisch zu machen. „Höre, du Pestbeule!" sagte er zu Markelja. „In drei Tagen wirst du gewaltsam zum Islam bekehrt. Und fügst du dich nicht darein, dann schlage ich dir den Kopf ab."

Markelja ließ sich dadurch nicht aus der Fassung bringen, wartete zwei Tage ab und ging am dritten zum Wesir hin. „Wohledler Wesir!" sprach er. „Heute nacht ist mir der Prophet Mohammed im Traum erschienen und hat mit mir geredet." — „Da siehst du es, du Ungläubiger, dass ich nur dein Bestes im Sinn habe, wenn ich dich zum Islam bekehre. Warum sträubst du dich eigentlich derart eigensinnig?" — „Wohledler Wesir!" gab Markelja zur Antwort. „Gestatte, dass ich dir meinen Traum in aller Ausführlichkeit erzähle. Ich befand mich auf einem grenzenlos großen Feld. Mitten darauf stand ein hoher, weitverzweigter Birnbaum, der einen tiefen Schatten warf. In diesem Schatten saß Mohammed auf einem goldenen Teppich, bekleidet mit einem golddurchwirkten, edelsteinbesetzten Gewand, und rauchte behaglich eine Wasserpfeife. Seine Jünger winkten mir, dass ich zu ihm kommen sollte. Ich gehorchte und ging so angstvoll wie ein zum Tode Verurteilter zu ihm hin. Ich schwieg, und er stellte auch keine Frage. Nach einer Weile näherte sich eine lange Prozession. Die Menschen gingen zu zweit und trugen Kirchenfahnen. Den Anfang machten Weißgekleidete mit weißen Fahnen, dann folgten Goldgekleidete mit goldenen Fahnen, Silbergekleidete mit silbernen Fahnen, Rotgekleidete mit roten Fahnen, Blaugekleidete mit blauen Fahnen, Grüngekleidete mit grünen Fahnen und so fort. Den Beschluss aber machten Leute, deren Kleider buntgescheckt waren, weiß und rot, golden und silbern, blau und grün. Wie Narren sahen sie aus, und auch ihre Fahnen waren närrisch bunt. Alle wandelten am Birnbaum vorüber und verschwanden in der Ferne. Verdattert starrte ich ihnen nach, konnte ich mir doch nicht erklären, was das für Leute waren. Dann blickte ich zu Mohammed hinüber, wagte aber nicht, eine Frage an ihn zu richten.

Doch er verstand mich auch so, hub plötzlich an zu reden und sprach: „Die Goldgekleideten mit den goldenen Fahnen sind selbstverständlich meine Anhänger, die Mohammedaner. Die Silbergekleideten sind Buddhisten, und diejenigen, die weiße, grüne, rote und sonstige Farben tragen, gehören christlichen Konfessionen an, sind Katholiken, Protestanten, Calvinisten und andere." — „Und wer sind die Buntgescheckten?" erkundigte ich mich. „Das sind diejenigen, die von einem Glauben zum anderen übertreten", gab Mohammed zur Antwort „Da siehst du es, edler Wesir!" schloss Markelja. „Wenn ich deinem Verlangen nachkomme und zum Islam übertrete, werde ich im Jenseits zu den buntgescheckten Narren gehören. Kannst du mir das zumuten?" — „Ist es denn auch wahr, Ungläubiger, dass du diesen Traum geträumt und Mohammed gehört und gesehen hast?" forschte der Wesir. „So wahr, wie ich hier vor dir stehe, mein Gönner! Gott schenke dir Gesundheit und ein langes Leben, aber verbanne mich nicht in die Gruppe der Buntgescheckten!" — „Höre, Ungläubiger!" sprach der Wesir. „Allah ist groß! Da du den Propheten von Angesicht zu Angesicht erblickt hast, schenke ich dir die Freiheit! Du bist kein Sklave mehr, ziehe hin in Frieden!" Das ließ sich Markelja nicht zweimal sagen, er nahm einen Wanderstab zur Hand und verließ die türkische Sklaverei, so schnell ihn seine Füße tragen wollten. Kam auch wohlbehalten in der Heimat an und erzählte dort, wie er den Wesir hinters Licht geführt hatte.[35]

---

[35] Quelle: Jugoslawien.

DIE GESCHICHTE DES PAPAGEIS

Es lebte einmal ein Schah, der einen Papagei besaß. Er liebte ihn so, dass er keine Stunde ohne ihn verbringen wollte. Der Papagei sagte ihm gefällige Worte und zerstreute ihn. Eines Tages bat der Papagei: "In meiner Heimat, in Indien, habe ich Vater und Mutter, Bruder und Schwestern. Schon lange lebe ich in Gefangenschaft und bitte Euch nun, mich für zwanzig Tage freizulassen. Ich will in meine Heimat fliegen. Sechs Tage brauche ich um hinzugelangen, sechs für den Rückflug, und acht Tage werde ich dort weilen, um Vater und Mutter, Brüder und Schwestern zu sehen." - "Nein", erwiderte der Schah. "Wenn ich dich freilasse, kehrst du nicht mehr zurück, und ich werde mich grämen." Da beteuerte der Papagei: "Ich gebe Euch mein Wort, hoher Gebieter, und werde es halten." - Also gut, wenn dem so ist, dann lasse ich dich hinfliegen, aber nur für zwei Wochen", sagte der Schah. "Lebt wohl, ich werde es irgendwie bewältigen", dankte der Papagei erfreut. Er flog aus seinem Käfig auf den Zaun, nahm von allen Abschied und wandte sich gen Süden. Der Schah sah ihm nach. Er glaubte nicht, dass der Papagei zurückkehren würde.

In sechs Tagen erreichte der Papagei seine Heimat Indien und fand auch seine Eltern. Wie freute sich der Arme! Er flatterte vergnügt umher, flog von Hügel zu Hügel, von Ast zu Ast, von Bäumchen zu Bäumchen, tauchte ein in das Grün der Wälder, besuchte Verwandte und Bekannte und merkte nicht einmal, wie die zwei Tage vergingen. Nun war es Zeit, in die Gefangenschaft, in seinen Käfig zurückzufliegen. Schwer fiel dem Papagei der Abschied von Vater und Mutter, Brüdern und Schwestern. Auf die Augenblicke der Fröhlichkeit folgten Stunden der Trauer und des Grames. Er ließ seine Flügel hängen. Wer konnte denn wissen, ob es ihm noch einmal gelingen würde, herzukommen!

Verwandte und Bekannte fanden sich ein, alle bedauerten den Papagei und rieten ihm, nicht zurückzukehren. Der Papagei aber entgegnete: "Ich habe es doch versprochen. Darf ich denn mein Wort brechen?" - "Ach", sagte einer der Papageien, "wann hast du je gesehen, dass Herrscher ihre Versprechen halten? Wäre dein König gerecht, würde er dich dann vierzehn Jahre lang gefangen halten und nur für vierzehn Tage in die Freiheit lassen? Bist du etwa auf die Welt gekommen, um in Gefangenschaft zu leben? Opfere deine Freiheit nicht für irgendjemandes Zeitvertreib! Im Herzen des Schahs wohnt mehr Grausamkeit als Gnade! Es ist unvernünftig und gefährlich, in der Nähe eines Herrschers oder eines Tigers zu weilen."

Der Papagei aber hörte nicht auf diese Ratschläge und schickte sich an davonzufliegen. Da nahm seine Mutter das Wort: "Für alle Fälle gebe ich dir einen Rat. In unseren Gegenden gedeihen Lebensfrüchte. Wer auch nur eine solche Frucht isst, wird sofort wieder jung. Ein Greis verwandelt sich in einen Jüngling, eine Greisin in eine junge Maid. Bringe deinem König von diesen kostbaren Früchten und bitte ihn, dass er dir die Freiheit schenke. Vielleicht erweichst du sein Herz, und er gewährt dir deine Bitte." Alle billigten diesen Ratschlag und brachten geschwinde drei Lebensfrüchte. Der Papagei nahm von seinen Verwandten und Bekannten Abschied und flog gen Norden. Alle sahen ihm voller Hoffnung nach. Nach sechs Tagen war der Papagei wieder zurück, überreichte dem Schah die Geschenke und erklärte ihm, welche Bewandtnis es mit den Früchten habe. Der Schah freute sich und versprach dem Papagei die Freiheit. Eine Frucht gab er seiner Frau, die übrigen legte er in eine Schale. Der Wesir, in dessen Herzen Neid und Missgunst nagten, beschloss, die Dinge einen anderen Verlauf nehmen zu lassen. "Rührt die Früchte, die der Vogel gebracht hat, vorläufig nicht an!" sagte er. "Wollen wir sie erst erproben! Wenn sie gut sind, ist es nicht zu spät, sie zu verspeisen." Der Schah willigte ein. Der Wesir aber benutzte einen unbeobachteten Augenblick und tat in die Lebensfrüchte ein starkes Gift. Danach sprach er zum Schah: "Wollen wir sie nun erproben!" Man brachte zwei Pfauen und ließ sie an den Früchten picken. Sofort fielen beide tot um. "Und was wäre mit Euch geschehen, hättet Ihr die Früchte gegessen?" fragte der Wesir. "Auch ich wäre tot!" schrie der Schah, zerrte den armen Papagei aus dem Käfig und riss ihm den Kopf ab. So erhielt der arme Papagei seinen "Lohn". Kurz danach erzürnte der Schah über einen Greis und beschloss, ihn hinzurichten. Er befahl ihm, die übrig gebliebene Frucht zu essen. Aber kaum hatte der Greis sie verspeist, da wuchs ihm schwarzes Haar, er bekam neue Zähne, seine Augen nahmen jugendlichen Glanz an, und er glich einem Zwanzigjährigen. Da begriff der Schah, dass er den Papagei zu Unrecht getötet hatte, aber es war zu spät.[36]

---

[36] Quelle: Usbekistan.

DIE WUNDERMÜHLE

Es waren einmal der Alte mit seiner Alten. Eines Tages aßen sie Erbsen und eine Erbse ist auf den Fußboden gefallen. Die Erbse rollte und fiel durch den Fußboden in den Keller. Ob die Erbse dort kurz oder lang lag, sei dahingestellt, auf alle Fälle begann sie zu wachsen. Sie wuchs und wuchs und ist bereits bis zum Fußboden gewachsen. Die alte Frau hat das gesehen und sagt:

Hör einmal her, Alter, man sollte ein Loch in den Fußboden hacken, damit sie noch höher wachsen kann. Wenn sie hoch wird, so werden wir die Erbsen direkt im Haus sammeln.

Der alte Mann hat ein Loch in den Fußboden gehackt, aber die Erbsenpflanze wächst und wächst weiter, bis zur Decke.

Der Alte hat auch in die Decke ein Loch gehackt und sie wächst weiter und weiter, bis zum Himmel.

Nun wollten der Alte und die Alte Erbsen probieren. Der Alte holte einen Sack und kletterte auf die Erbsenpflanze hinauf, um Erbsen zu pflücken. Er kletterte und kletterte und erreichte bereits die Wolken. Er sieht dort auf den Wolken einen goldenen Hahn und daneben steht eine gold-blaue Mühle. Der Alte überlegt nicht lange und holt die Mühle und den Hahn und kletterte zurück ins Haus. Da sagte er der Frau:

„Schau einmal Alte, das ist ein Geschenk für dich, ein goldener Hahn und eine Mühle."

Da antwortet die Alte:

„Gib sie mir, ich schaue, was das für eine Mühle ist."

Sie nahm die Mühle und drehte sie einmal. Plötzlich sind auf den Tisch Eierkuchen und Teigtaschen gefallen. Sie drehte die Mühle noch einmal und immer wieder sind Eierkuchen und Teigtaschen auf den Tisch gefallen. Die Alte und der Alte freuen sich. Seit dieser Zeit leben sie sehr gut.

Eines Tages fährt ein Reicher am Haus vorbei. Er hält die Kutsche an der Tür und fragt:

„Ich bin sehr hungrig und möchte etwas essen."

Da antwortet die Alte:

„Was können wir dir anbieten? Willst Du wohl Eierkuchen oder Teigtaschen?"

Sie drehte die Mühle und wiederum fallen Eierkuchen und Teigtaschen heraus. Da wundert sich der Reiche. Nun hat er sich gesättigt und sagt:

„Verkaufe mir diese Mühle, Alte."

„Nein das kann ich nicht, ich benötige sie selber."

Als die Alte und der Alte das Haus für einen Moment verließen, raubte der Reiche die Mühle, sprang in die Kutsche und fuhr weg.

Die Alte und der Alte vermissten die Mühle. Sie hatten großen Kummer und weinten beide. Da kräht der goldene Hahn:

„Weint nicht, Großmutter und Großvater. Ich fliege zu dem Reichen und hole unsere Mühle zurück."

Er schwingt sich in die Luft und fliegt über Felder, Wiesen, Flüsse und Wälder. Er flog zu dem Haus des Reichen und landete auf dem Tor. Schreit:

Ki-ki-ri-ki! Reicher, Reicher, gebe unsere goldene Mühle zurück!
Ki-ki-ri-ki! Reicher, Reicher, gebe unsere goldene Mühle zurück!

Der Reiche hört das und befiehlt den Dienern den Hahn ins Wasser zu schmeißen.

Die Diener haben den Hahn gefangen und in den Wasserbrunnen geworfen. Der Hahn sitzt im Brunnen und spricht:

Schnabel, Schnabel, trink Wasser.
Schnabel, Schnabel, trink Wasser.

Somit hat er das gesamte Wasser ausgetrunken und den Brunnen verlassen. Er fliegt wieder zum Haus des Reichen und landet auf dem Balkon und schreit:

Ki-ki-ri-ki! Reicher, Reicher, gib unsere goldene Mühle zurück!
Ki-ki-ri-ki! Reicher, Reicher, gib unsere goldene Mühle zurück!

Der Reiche wurde böser und befiehlt, den Hahn in den Ofen zu werfen. Man hat den Hahn gefangen und direkt ins Feuer geworfen. Wiederum spricht er:

Schnabel, Schnabel, gieß Wasser!
Schnabel, Schnabel, gieß Wasser!

So hat er mit dem Wasser das Feuer gelöscht. Der Hahn flog aus dem Ofen zum Haus des Reichen und landete auf dem Fensterbrett und schreit:

Ki-ki-ri-ki! Reicher, Reicher, gib unsere goldene Mühle zurück! Ansonsten picke ich dich in den Kopf!

Der Reiche ruft wieder den Diener, den Hahn zu fangen und mit dem Säbel zu schlagen. Die Diener machen den Säbel scharf, aber der Hahn gibt keine Ruhe. Er setzte sich auf den Kopf des Reichen und begann in den Kopf zu hacken. Der Reiche springt auf und läuft von einem Zimmer zum anderen. Der Hahn verfolgt ihn und pickt ihn wieder in den Kopf.

Dann holt er die Mühle und fliegt zu der Alten und dem Alten zurück. Er landet und schreit:

Ki-ki-ri-ki! Da ist unsere gold-blaue Mühle wieder.

114

Die Alten freuen sich und leben danach gut in Frieden und schenken die Eierkuchen und Teigtaschen den anderen Menschen.[37]

---

[37] Ojars Ambainis, Lettische Volksmärchen, 1977.

LÖWE, STORCH UND AMEISE

Es war einmal eine arme Witwe, die aus einem sehr vornehmen Geschlecht stammte und einen einzigen Sohn hatte. Sie wohnte mit ihm in stiller Einsamkeit in einem Wald und erzog ihn zu Disziplin und Tugend. Der Junge, der Johannes hieß, nahm lernbegierig die guten Lehren seiner Mutter auf und machte ihr Freude und erweckte ihr die schönsten Hoffnungen. Nur eines wollte ihr nicht gefallen, und das war seine Reiselust. Bei Tag und Nacht dachte er nur an die Schönheit und Pracht ferner Städte und Schlösser, von denen er erzählen gehört hatte. Die kluge Mutter war mit diesem Wandertrieb umso weniger einverstanden, da sie wusste, dass ihrem Sohn doch immer das Geld zum Reisen fehlen würde. Ihr Mahnen half jedoch nichts. Dem Sohn wurde es im Wald immer mehr zu eng, und es trieb und drängte ihn seine Sehnsucht nach der Fremde so, dass er sich eines Tages aufmachte und seiner weinenden Mutter und der Waldhütte Lebewohl sagte.

Wie er so frank und frei, voll schöner Hoffnungen durch den dunklen, dichten Wald ging, hörte er plötzlich ein fürchterliches Geheul. Da dachte er sich: Ich muss doch sehen, was es da gibt, vielleicht kann ich helfen, und eilte mutig der Gegend zu, aus der der Lärm herkam. Als er so ein Stück gelaufen und zur Stelle gekommen war, sah er einen Löwen, einen Storch und eine Ameise, die sich um den Körper eines toten Pferdes stritten und dadurch diesen Lärm vollführten. Kaum waren sie aber des Fremden ansichtig

116

geworden, als sie vom Streit ließen und ihn baten, er möchte ihren Rechtshandel schlichten.

Da besann sich Hans nicht lange und machte den Schiedsrichter. Dem Löwen teilte er das Fleisch zu, dem langschnabeligen Storch überließ er die Gebeine zum Abnagen, und der Ameise gab er den hohlen Kopf, damit sie darin nisten könne. Die Tiere waren über diese Teilung seelenvergnügt und dankten dem Jüngling auf's Beste.

Der Löwe sprach: "Guter Freund, ich will dich belohnen und nicht ohne Dank von dir scheiden. Wenn du sagst: 'Hans, der Löwe', so sollst du siebenmal stärker sein als der stärkste Löwe."

Darauf sprach der Storch: "Guter Freund, ich will dich belohnen und nicht ohne Dank von dir scheiden. Wenn du sagst: 'Hans, der Storch', so wirst du siebenmal höher fliegen können als meinesgleichen."

Dann nahte die kleine Ameise und wisperte: "Guter Freund, ich will dich belohnen und nicht ohne Dank von dir scheiden. Wenn du sagst: 'Hans, die Ameise', so wirst du siebenmal kleiner werden als die kleinste Ameise."

Hans ging nun von den Tieren weg und wanderte weiter durch den Wald. Da wurde das Gehölz endlich lichter, und als er aus dem Forst hinaustrat, lag eine große, große Stadt vor ihm. Hans konnte sich nicht satt daran schauen und wanderte schnurstracks auf sie los. Als er aber in die Stadt kam, war er durch ihr düsteres Aussehen nicht wenig überrascht. Denn alle Häuser waren mit schwarzen Decken behangen, und alle Einwohner trugen schwarz. Da wunderte sich Hans, was das zu bedeuten habe, und er fragte einen Bürger, der ihm begegnete, um die Ursache der Trauer.

Darauf antwortete ihm der Mann mit trauriger Miene: "Ach, weh uns! Unsere geliebte Königstochter ist in ein fernes Schloss verwunschen worden, und ihre Rettung ist beinahe unmöglich, denn ein fürchterlicher Drache mit drei Köpfen bewacht die verwünschte junge Frau." Mit diesen Worten ging der Mann traurig von dannen.

Hans blieb allein stehen und hatte mit der armen Prinzessin tiefstes Mitleid. Er wünschte sie zu erlösen, möge es kosten, was es wolle. Er erkundigte sich daher um die Lage des Schlosses und machte sich dann fröhlich auf den Weg dahin. Er musste einige Tage wandern, bis er zum Schlossberg kam. Da bemerkte er aber zu seinem Schrecken, dass man nicht zum Schloss hinaufkommen könne, denn der Berg war steil und so glänzend und schlüpfrig, als wäre er mit Öl übergossen. Hans dachte nun nach, wie er hinaufkommen könnte, doch all sein Sinnen und Trachten war vergebens.

Da fiel ihm plötzlich die Geschichte mit den Tieren ein, und er sprach vor sich hin: "Hans, der Storch."

Kaum hatte er es gesagt, da war er auf einmal in einen Storch verwandelt und flog auf den Berg hinauf. Er stand nun vor dem Schloss, doch die Pforte war eisenfest verschlossen, und niemand öffnete sie. Da sprach der Jüngling: "Hans, die Ameise!", und in einem Nu war er die kleinste Ameise und schlüpfte durch ein Astloch der Tür in den Hofraum. Dort bekam er wieder seine vorige Gestalt und besichtigte das große, feste Gebäude. Wie er so dastand und sann, wo etwa die Prinzessin gefangen sei, erschien ein altes Männchen, das sehr klein war, aber einen ungeheuren Bart hatte. Dieses fragte den jungen Mann mit grunzender Stimme: "Bürschchen, was willst du hier?"

"Die verwunschene Prinzessin erlösen", erwiderte Hans.

Darauf entgegnete der Alte: "Das wird schwer gehen, denn sie wird von einem fürchterlichen Drachen bewacht, der auf ihrem Schoß liegt."

Hans verlor durch diese Rede gar nicht den Mut und meinte, es würde schon gehen. Dann fragte er das Männchen: "Wo ist ein Schwert?"

Der Zwerg gab darauf den Bescheid: "Geh hinauf in die Rüstkammer, und dort wirst du ein Schwert finden, das du kaum tragen kannst. Das nimm!"

Hans stieg sogleich in die Rüstkammer hinauf und holte das großmächtige Schwert, das er fast nicht tragen konnte. Dann ging er auf das Zimmer zu, in dem

der Drache die junge Frau bewachte, und sprach:
"Hans, der Löwe." Da wurde er siebenmal stärker als
der stärkste Löwe, trat in das Zimmer und schlug dem
Drachen alle drei Köpfe mit einem Hieb herunter.
Kaum war dies geschehen, so begann es im ganzen
Schloss zu poltern und zu donnern, und der Berg
senkte sich mehr und mehr, bis er ganz verschwand.

Dann machten sich Hans und die erlöste Königstochter auf den Weg und gingen in die Residenzstadt.
Dort entstand ein unermesslicher Jubel über die Befreiung der schönen jungen Frau, und es folgte deshalb ein Fest auf das andere. Die Königstochter heiratete dankbar ihren Befreier und lebte mit ihm vergnügt und glücklich bis zu ihrem seligen Ende[38].

---

[38] I. und J. Zingerle, Kinder- und Hausmärchen aus Süddeutschland, 1854, sprachlich leicht bearbeitet. S. dazu die Interpretation S.

DAS ZEICHEN DER QUASTE

Es war einmal ein Mann, der sich eine Frau suchte und heiratete. Alle paar Tage aber kam er übel gelaunt nach Hause und sie fühlte sich sehr schlecht damit. Sie sprach: „Oh mein Gatte, das kann nicht gut gehen. Oft bist du launisch. Du kommst mit sehr schlechter Stimmung nach Hause."
„Ja, sprach er, „in der Stadt geschehen Dinge, die mich ärgern und so komme ich verärgert nach Hause."
„Aber", sprach sei, „das kann nicht gut gehen, denn auch ich habe manchmal schlechte Laune und wenn wir sie beide haben, wer weiß, was da geschehen kann! Du musst mir also ein Zeichen geben, damit ich weiß, dass du schlecht gelaunt nach Hause kommst und ich dann nachsichtig bin mit dir."
„Du hast recht", sagte er, „das ist eine gute Idee!".
In jenen Zeiten trugen die Männer auf dem Kopf einen roten Fes, an dessen Seite eine lange schwarze Quaste herabhing. Also sprach er: „ich werde an den Tagen, an denen ich schlechte Laune habe, die Quaste von meinem Fes nach vorne hängen, und wenn du die Quaste vorne hängen siehst, dann weißt du, dass ich übel gelaunt bin und was immer ich dann sage, brauchst du dir nicht so zu Herzen nehmen".
Sie sagte: „das ist eine gute Idee. Aber wenn ich mal schlechter Laune bin, was ist dann? Ich werde dir dann auch ein Zeichen geben."
Das sagte sie mit Absicht, denn sie wollte ihm helfen, seine schlechte Angewohnheit loszuwerden. So sagte sie: „Ich werde eine weiße Schürze tragen und wenn

du siehst, dass ich eine weiße Schürze trage, dann weißt du, dass ich auch verstimmt bin und du musst dich mit mir abfinden."

„Einverstanden", sagte er.

So begann sie, täglich Ausschau zu halten in der Zeit, in der er nach Hause kam. Sie hatte an ihrem Fenster einen guten Ausblick und konnte sofort sehen, ob die Quaste an seiner Kopfbedeckung seitlich oder vorne baumelte. Wenn sie ihn stampfend daherkommen sah und die Quaste an seinem Fes vorne hin- und herpendelte wie der Schwanz am Hinterteil eines Elefanten, holte sie rasch ihre weiße Schürze hervor und band sie um. Wenn ihr Gatte eintrat und die weiße Schürze sah, legte er schnell die Quaste auf die Seite seines Fes, denn es würde nicht gut gehen, wenn sie beide schlecht gelaunt wären, dann würden sie womöglich noch einen schlimmen Streit anfangen. Also gab er nach. So ging es einige Tage. Immer zog er zurück, bis es ihm eines Abends doch einmal zu viel wurde: „Oh Frau, deine Ausbrüche von schlechter Laune kommen immer gleichzeitig mit meiner schlechten Laune. Was sollen wir da tun?"

„Oh mein Gatte", sagte sie, „gibst du deine schlechten Angewohnheit auf, werde ich meine auch aufgeben. Launen sind von Übel. Allah hat die Menschen mit Weisheit ausgestattet, aber Launen vertreiben die Weisheit. Wenn die Stadt an deiner schlechten Stimmung schuld ist, dann lass sie doch dort in der Stadt, aber bring sie nicht zu mir nach Hause. Ich werde auch meine Launen hier im Haus unter Kontrolle hal-

ten und nichts an dir auslassen, wofür du nichts kannst."
Er sprach: „In der Tat, du hast vollkommen recht!"

Von da an legte er nie mehr die Quaste an die Vorderseite seines Fes und er achtete darauf, dass er sich in der Stadt nicht mehr so viel aufregte und ärgerte, was immer auch die Leute erzählten oder taten. Und sie lebten fortan glücklich zusammen und beide achteten darauf, dass sie sich keinen Launen mehr hingaben.[39]

---

[39] J. Merkel, Löwengleich und Mondenschön, Zürich 2018, Erzählfassung vom Vf.

DER KADI UND DIE GREISIN

Neben dem Palast des Khans lebte eine arme Greisin. Der Khan wollte seinen Palast vergrößern und beschloss deshalb, das Stück Land der Greisin mitsamt ihrer Sakija zu kaufen. Er bot der alten Frau fünfzehn Kurusch für das Haus, doch die Greisin lehnte den Handel ab. Der Khan nahm ihr das Haus nicht mit Gewalt fort. Er wandte sich vielmehr an den Kadi und bat ihn um Hilfe. Der Khan war überzeugt, der Kadi werde die Angelegenheit regeln. Geschmeichelt vom Auftrag des Khan, machte sich der Kadi voll Freude an die Erledigung des Auftrags. Er bot der Greisin dreißig Kurusch für ihr Haus. Die Frau lehnte wiederum ab. Drauf bot der Kadi eine sehr hohe Summe: zweihundert Kurusch. Doch auch dieses Angebot beeindruckte die Greisin nicht im Geringsten. Da der Kadi sah, dass die Greisin nicht mit sich reden ließ, bot er ihr noch eine Kuh dazu. Auch dies lehnte die Greisin ab.

Nachdem er sich also überzeugt hatte, dass die Greisin um nichts auf der Welt ihr Haus hergeben wollte, ging der Kadi zum Khan und erzählte ihm die Geschichte. Mit einem listigen Lächeln Schloss er seinen Bericht: „Es gibt trotzdem einen Ausweg! Nach der Scharia kann man einen Menschen, der seinen Vorteil nicht erkennt, für irrsinnig erklären. Dann werde ich, der Kadi, als sein Vormund eingesetzt. So könnte ich an Stelle der Alten den Hausverkauf vollziehen." Zufrieden strich sich der Khan seinen Bart und bat den Kadi, zu handeln, wie es die Scharia vorschreibt.

Der Kadi begab sich also zur Greisin und verkündete ihr, dass sie irrsinnig sei, da sie ihren Vorteil nicht erkenne. Sie lehne zweihundert Kurusch und eine Kuh dazu für ihre Sakija ab. Folglich betrachte er sich, der Kadi, wie es die Scharia vorschreibe, als ihr Vormund und werde den Verkauf vornehmen. Ohne sich lange zu besinnen, fragte die Greisin: „Ist dieses Gesetz nur für mich geschrieben, oder bezieht es sich auf alle Gläubigen?" Der Kadi erwiderte, selbstverständlich sei die Scharia für alle Gläubigen verfasst. Fragte die Greisin: „Warum erklärst du eigentlich mich alte Frau und nicht den Khan für irrsinnig, wenn er für ein altes baufälliges Haus zweihundert Kurusch und eine Kuh dazu bietet?" Dem Kadi fiel keine Entgegnung ein, und er musste von der Greisin ablassen. Die aber beschloss ihr Leben in Ruhe und Frieden.[40]

---

[40] Der Kadi und die Greisin, Gadshi G. Gamsatow, Die verwechselten Beine und andere Märchen aus Dagestan, 1986.

WIE DIE STREITAXT BEGRABEN WURDE

Einst lebte in einem Dorf ein weiser Häuptling. Er war schon aus vielen Schlachten als Sieger hervorgegangen und als der stärkste und mutigste aller Krieger, die damals gelebt hatten.

Einmal sah er den Kindern zu, die vor den Wigmans ihr fröhliches Spiel trieben.

Was mochte wohl dereinst aus ihnen werden? Die Knaben würden tüchtigen Jägern und tapferen Kriegern heranwachsen, wie er selbst, aber welchem von ihnen wird es wohl vergönnt sein, auch ein so hohes Alter zu erreichen wie er, um die gesammelten Erfahrungen in abgeklärter Weise

zu verwandeln? Gewiss, sie werden herrliche Siege erringen und eine Menge Skalpe erbeuten, aber es wird auch manche unter ihnen geben, die, vom Feinde bezwungen, selber werden ihren Skalp hergeben müssen........

Und die Mädchen? sie werden heiraten und ihren jungen Männern in den Krieg folgen, und viele von ihnen werden fern der Heimat sterben. Es mag sein, dass manchem im Leben ein kurzes Glück begegnet, bald aber werden Alter und Sorge in ihre Stirne und Wangen tiefe Furchen des Leidens, und der Sehnsucht nach ihren Männern und Söhnen eingegraben haben, die auf einem der vielen Kriegszüge ums Leben gekommen sind.

So dachte der Krieger Tag und Nacht über die Zukunft seines Volkes nach.

Schließlich kam er zu der Erkenntnis, dass das Streben der Indianer nicht auf Krieg und Tod gerichtet sei, sondern auf ein Leben in Frieden und Arbeit. Und in seinem Geist wurde ein großer Gedanke geboren.

Um ihn in der Tat umzusetzen, berief er eine große Versammlung ein.

Als alle beisammen waren, erhob sich der Häuptling und begann mit ihnen vom Krieg zu sprechen, der den Indianern noch nie etwas Gutes gebracht hatte. Er sprach über die Skalpjäger, die manch einsamen Krieger nur deshalb überfielen, um ein Beutestück mehr heimzubringen.

"Der erste Indianer, der den Tomahawk gegen seinen rothäutigen Bruder erhob, war ein schlechter Indianer", sagte er. "Und wenn das Skalpieren bei uns zur Gewohnheit wurde, so ist es eine schlechte Gewohnheit, mit der endlich einmal aufgeräumt werden muss!"

So sprach der weise Häuptling, und alle gaben ihm Recht. Sie beschlossen, nur dann ihre Gesichter mit Kriegsfarben zu bemalen und den Kriegspfad zu beschreiten, wenn sie angegriffen würden.

"Und wer soll unseren Nachbarstämmen die Friedensbotschaft überbringen?" fragten die Indianer.

"Leichter Mokassin und Schneller Hirsch", entschied der Häuptling. Die beiden waren hochgewachsene und wohlgestaltete Jünglinge und die besten Läufer des ganzen Stammes.

Sie strahlten vor Freude, als ihnen der Häuptling mitteilte, was für eine Aufgabe sie zu erfüllen hätten, und trafen schon ihre Vorbereitungen.

Am frühen Morgen, als kaum die ersten Sonnenstrahlen über die Tannenzweige glitten, begannen die beiden Gefährten ihren ersten Friedenslauf.

Als sie eine Weile gelaufen waren, kamen sie in einen tiefen Wald, in den trotz des klaren Himmels nicht ein einziger Sonnenstrahl drang. Gefallene Stämme, Dickicht und Sümpfe versperrten ihnen den Weg. Aber es gab nichts, was die Jünglinge von ihrem Vorhaben abbringen konnte.

Der eine nahm die Gestalt eines Wolfes an, der andere verwandelte sich zur Eule, und so gelang es ihnen, alle Hindernisse zu überwinden. Als sie in die Nähe des ersten Dorfes kamen, nahmen sie wieder ihre ursprüngliche Gestalt an und gruben ihre Waffen ein. In der Siedlung wurde es lebendig. Alles, was Beine hatte, kam aus den

Wigwams gestürzt und schaute nach dem Waldrand, wo zwei ihrer Erzfeinde standen. Aber da die Jünglinge keine Waffen bei sich trugen und ihre Gesichter nicht bemalt waren, ließen sie sie bis an das Dorf herankommen, und beide richteten dem Häuptling ihre Friedensbotschaft aus.

Der alte Indianer hörte aufmerksam zu, und dann sprach er: "Der Vorschlag eures Volkes gefällt mir, und ich bin bereit, ihn anzunehmen, aber ich muss mich zuerst mit meinen Kriegern beraten. Bis dahin sollt ihr meine Gäste sein."

Während seiner Rede hatten sich die Krieger um ihn geschart und stimmten dem Vorschlag, im ganzen Indianerland die Streitaxt ruhen zu lassen, mit Freuden zu. Nur einige, denen die Kampfeslust Hirn und Herz getrübt hatte, waren dagegen. Aber die entschlossenen Worte des Häuptlings brachten ihre murrenden Stimmen zum Schweigen:

Ich weiß allzu gut, was Krieg heißt. Wenn die Tränen

der erschlagenen Männer und Söhne beweinenden Indianerfrauen alle zusammenfließen könnten, würden sie zu einem einzigen Meer der Trauer; wenn das vergossene Blut der Krieger sich zu einem einzigen Strom verbände, würden davon alle Flüsse und Bäche rot und träten aus ihren Ufern. Würden die Männer statt der Pfade des Krieges, die Pfade der Jagd begehen, finde das Elend in die Lager der Indianer keinen Einlass mehr. Krieg bedeutet Untergang, Vernichtung und Tod. Das habe ich nach vielen, auf dem Kriegspfad vergeudeten Jahren klar und deutlich erkannt. Daher möge mich niemand einen Feigling schelten, wenn ich unserem Nachbarstamm die folgende Antwort überbringen lasse:

"Ich, der Häuptling meines Volkes, nehme eure Botschaft wortwörtlich an. Wir treffen uns in vier Tagen auf halbem Wege zwischen unseren Lagern auf der großen Wiese am Fluss. Dort graben wir eine Grube, werfen alle Kriegswaffen hinein, reichen uns die Hände und leben fortan wie Brüder."

Leiser Mokassin und Schneller Hirsch vernahmen die Rede des Häuptlings voll Freude, und nachdem ihnen die anmutigsten Mädchen des Stammes noch ein paar neue Mokassins an die Füße gezogen hatte, traten sie in großer Eile den Rückweg an.

Daheim angekommen, wurden sie mit unvorstellbarem Jubel empfangen. Die drei folgenden Tage lebten die Indianer nur noch in der ungeduldigen Erwartung, des bedeutsamen Zusammentreffens der beiden Stämme. Am vierten Tag fanden sich alle in Festkleidung vor dem Wigwam des Häuptlings ein. Nachdem sich alle versammelt hatten, zogen sie singend und

tanzend nach der großen Wiese, in deren Mitte eine
tiefe Grube gähnte. Sie sahen das versammelte Volk
des Nachbarstammes, von dem sie auf der gegenüber-
liegenden Wiese bereits erwartet wurden. Als erste
traten die beiden Häuptlinge vor, warfen ihre Streitäx-
te in die Grube und drückten einander brüderlich die
Hände.

Ihrem Beispiel folgten die anderen Krieger, und als
sich auch der letzte Krieger seiner Waffe entledigt
hatte, war der Platz mit einem Mal kaum wiederzuer-
kennen. Männer und Frauen, Jünglinge und Mädchen
hatten zu tanzen begonnen, und die fröhlichen Melo-
dien kehrten, von einem zauberhaften Echo wieder-
holt, aus dem Flusstal und aus der Tiefe des Waldes
zurück, woher sie gekommen waren. An jenem Abend
wurde nicht einmal die Sonne dieses einzigartigen
Schauspiels müde. Anstatt schlafen zu gehen, verweil-
te sie noch lange, im Abendrot verborgen, am Himmel
und sah dem freudigen Treiben der glücklichen Indianer wohlgefällig zu. Dann schloss sie selig lächelnd
die Augen und ließ sich jenseits des Horizontes auf
ihr goldenes Lager fallen. Das Lächeln aber ist ihr bis
heute geblieben.[41]

---

[41] Märchen der Cochiti -Indianer Nordamerika aus V. Hulpach, Indi-
anermärchen, 1976.

IV FABELN UND TIERMÄRCHEN

DER FUCHS UND DER HAHN

Ein Hahn saß auf einem hohen Gartenzaun und kündete mit lautem Krähen den neuen Tag an. Ein Fuchs schlich um den Zaun herum und blickte verlangend zu dem fetten Hahn empor.

„Einen schönen guten Morgen", grüßte der Fuchs freundlich, „welch ein herrlicher Tag ist heute!"

Der Hahn erschrak, als er seinen Todfeind erblickte, und klammerte sich ängstlich fest.

„Brüderchen, warum bist du böse mit mir? Lass uns doch endlich Frieden schließen und unseren Streit begraben." Der Hahn schwieg noch immer. „Weißt du denn nicht", säuselte der Fuchs mit sanfter Stimme, „dass der König der Tiere den Frieden ausgerufen hat? Er hat mich als seinen Boten ins Land geschickt. Komm schnell zu mir herunter, wir wollen unsere Versöhnung mit einem Bruderkuss besiegeln. Aber beeile dich, ich habe noch vielen anderen diese freudige Nachricht zu bringen."

Der Hahn schluckte seine Furcht hinunter und sagte sich: „Diesem verlogenen Gauner komme ich nur mit seinen eigenen Waffen bei." Und mit gespielter Freude rief er: „Mein lieber Freund, ich bin tief gerührt, dass auch du des Königs Friedensbotschaft verbreitest. Ja, lass uns Frieden schließen. Es trifft sich gut, denn gerade sehe ich zwei andere Boten auf uns zueilen. Wir wollen auf sie warten und gemeinsam das glückliche Fest feiern. Du kennst sie recht gut, es sind die Wachhunde des Gutsherrn."

Kaum hatte der Fuchs diese Kunde vernommen, war er aufgesprungen und eiligst davongerannt.

„He, warte doch!" krähte der Hahn hinter ihm her. „Ich habe noch sehr viel zu tun", keuchte der Fuchs aus der Ferne, „ich hole mir den Friedenskuss ein andermal von dir. Du kannst dich darauf verlassen." Der Hahn freute sich, dass ihm die List gelungen war.

Der Fuchs aber war verärgert. Er hatte alles so klug eingefädelt, und just in diesem Augenblick mussten seine ärgsten Feinde auftauchen und alles verderben.

Aber, wo blieben sie denn?

Der Fuchs verlangsamte seine Schritte und blickte sich um. Niemand folgte ihm, auch hatte er kein Bellen gehört. Sollte dieser alte Hahn ihn reingelegt haben? Ausgerechnet so ein aufgeplusterter, dummer Hahn?[42]

---

[42] Jean de la Fontaine, Der Fuchs und der Hahn.

DER HASE ALS RICHTER

In einem Dorf lebten einmal ein Reicher und ein Armer. Der Reiche hatte viele Kühe und darunter eine, die bald kalben würde. Der Arme hatte eine Stute, die bald fohlen würde. Das freute ihn, denn ein Pferd ist viel mehr wert als eine Kuh und kann auch mehr arbeiten.

Eines nachts wachte der Reiche von einem Geräusch auf. Er ging in seinen Stall, da lag ein schönes Kälbchen neben seiner Mutter. Er schaute hinüber zum Armen: Hütte und Stall waren dunkel, der schlief wohl noch. Leise schlich der Reiche hinüber Wahrhaftig, die Stute hatte auch gefohlt und ein prachtvolles. Hengstfohlen stand neben ihr. Da kam dem Reichen ein böser Gedanke: Ganz vorsichtig trug er das Fohlen in seinen eigenen Stall und stellte es neben die Kuh. Danach trug er sein Kalb hinüber zu dem Armen und legte es neben dessen Stute. Und als die Sonne aufging, verkündete er seinen Nachbarn: „Kommt und seht dieses Wunder! Meine Kuh hat ein Fohlen geboren!" Und sie kamen und staunten.

Aber dann kam wutentbrannt der arme Nachbar gelaufen. Er beschuldigte den Reichen des Betrugs und verlangte sein Fohlen zurück. Die Leute schauten vom einen zum anderen und wussten nicht, wem sie Recht geben sollten. Es dauerte nicht lange, bis man sich im ganzen Dorf über die Sache stritt und überall Unfrieden einkehrte. Endlich beschlossen der Reiche und der Arme, im Nachbardorf einem Richter den Fall vorzutragen.

Unterwegs begegneten sie dem Hasen. Er stand im Ruf, weise und gerecht zu sein und so fragten sie ihn, ob er ihren Streit schlichten wolle. Der Hase hörte beiden aufmerksam zu und sagte dann: „Heute habe ich keine Zeit, doch genau in einer Wochen will ich kommen und euren Streit schlichten. Es muss jedoch genau bei Sonnenaufgang geschehen. Jeder, der etwas dazu zu sagen hat, möge sich dann auch einfinden."

Es war eine hohe Ehre, einen so angesehenen und hoch gelehrten Richter zu Gast zu haben! So versammelten sich vor Sonnenaufgang fast alle Leute des Dorfes und warteten auf den Hasen. Der Hase war berühmt für seine Pünktlichkeit und Zuverlässigkeit, doch er kam nicht. Er kam auch nicht, als die Sonne aufging. Er kam auch nicht, als sie am Mittag am heißesten herunter brannte. Es wurde Abend und die Leute wollten wieder heimgehen, da kam der Hase atemlos angerannt. Man fragte ihn, was ihn denn so aufgehalten hätte und er antwortete bereitwillig: „Auf dem Weg hierher sah ich in der Mitte des Flusses einen rot glühenden Sandhügel. Der Sand hatte Feuer

gefangen und brannte lichterloh. Glücklicherweise fand ich einen löchrigen Rattankorb, füllte ihn mit Wasser und goss es über das Feuer. Aber erst heute Abend gelang es mir, das Feuer zu löschen."

„Aha", dachte der Reiche, „der Hase will wohl unseren Scharfsinn prüfen!" So sagte er: „Was ihr da erzählt, ist unmöglich. Sand kann nicht brennen und in einem Rattankorb kann man kein Wasser tragen, es läuft unten wieder hinaus. Eure ganze Geschichte ist widersinnig und widerspricht den Naturgesetzen." Der Hase hörte dies mit der größten Zufriedenheit und gratulierte dem Reichen zu seinem Scharfsinn und zu seiner Einsicht in die Naturgesetze. Der Reiche sonnte sich voll Stolz im Lob des Hasen. Der Hase jedoch fuhr fort: „Ihr habt bewiesen, dass ihr die Wirkungsweise der Natur in allen Einzelheiten begriffen habt. So könnt ihr sicher auch erkennen, dass eine Kuh kein Fohlen geboren haben kann und eine Stute kein Kalb, denn das ist gegen die Naturgesetze. Gebt sofort eurem Nachbarn sein Fohlen zurück!"

Die Dorfbewohner freuten sich über die Maßen, dass der Hase den Streit so gerecht und auf so erstaunliche Weise beigelegt hatte! Der schlechte Nachbar hatte höchstpersönlich das Argument geliefert, das zu dem logischen Urteilsspruch führte. Aus diesem Grund ist der Hase im Tierreich stets die erste Wahl, wenn man einen Richter sucht, der ein gerechtes Urteil fällen kann.[43]

---

[43] Märchen aus Burma aus „Das Geheimnis des alten Mönchs", J.-P. Sendker, München 2017, Erzählfassung: H.C. Heim.

DIE SCHWALBE UND ANDERE VÖGEL

Ein Vogel, welcher glaubte, dass er die Denk- und Handlungsweise der Menschen genau kenne, versammelte eines Tages eine Menge Vögel um sich und sprach zu ihnen: „Die Menschen säen den Hanf in keiner andern Absicht, als um Schlingen daraus zu machen und uns einzufangen. Daher ist es unsere Pflicht, diesen Samen beizeiten auszurotten."

Die Schwalbe, die auch zugegen war, entgegnete, dass sie es für weit besser halte, die Freundschaft der Menschen zu suchen.

Als ihr Rat keine Zustimmung fand, so verließ sie ihre Waldgenossen, flog in die Stadt und vertilgte die schädlichen Insekten.

Die Menschen sahen bald ihre Nützlichkeit ein und ließen sie ungestört ihr Nest an den Häusern bauen. Die anderen Vögel schadeten den Menschen, wo sie nur konnten, und wurden allerdings stark und oft fett dabei. Aber es reifte auch der Hanf und wurde zu Schlingen verarbeitet, mit denen täglich eine Menge Vögel gefangen wurde, welche mit den Menschen hätten in Ruhe und Freundschaft leben können. Besser etwas weniger haben und dafür in Frieden und nützlicher Tätigkeit leben, als vielleicht ein Wohlleben, aber mit Gefahr und auf unrechtem Weg.[44]

---

[44] Aesop, Die Schwalbe und andere Vögel.

DIE STADT- UND DIE LANDMAUS

Eine Landmaus hatte ihre Freundin, eine Stadtmaus, zu sich eingeladen und empfing sie in ihrer sehr bescheidenen Wohnung aufs freundlichste. Um ihren Mangel der sehr verwöhnten Städterin nicht merken zu lassen, hatte sie alles, was das Landleben Gutes bot, herbeigeschafft und aufgetischt. Da waren frische Erbsen, getrocknete Traubenkerne, Hafer und auch ein Stückchen Speck, wovon die Landmaus nur bei außergewöhnlichen Gelegenheiten aß.

Mit großer Genugtuung überschaute sie ihre Tafel und unterließ nicht, ihrer Freundin unablässig zuzusprechen.

Aber die Stadtmaus, durch die vielen gewohnten Leckereien verwöhnt, beroch und benagte die Speisen nur sehr wenig und stellte sich der Höflichkeit halber so, als wenn es ihr schmecke, konnte aber doch nicht umhin die Gastgeberin merken zu lassen, dass alles sehr wenig nach ihrem Geschmack gewesen sei.

„Du bist eine recht große Törin", sprach sie zu ihr, „dass du hier so kümmerlich dein Leben fristest, während du es in der Stadt so glänzend führen könntest wie ich. Gehe mit mir in die Stadt unter Menschen, dort hast du Vergnügen und Überfluss." Die Landmaus war bald entschlossen und machte sich zum Mitgehen bereit.

Schnell hatten sie die Stadt erreicht, und die Städterin führte sie nun in einen Palast, in welchem sie sich hauptsächlich aufzuhalten pflegte; sie gingen in den Speisesaal, wo sie noch die Überbleibsel eines herrlichen Abendschmauses vorfanden.

Die Stadtmaus führte ihre Freundin nun zu einem prachtvollen, mit Damast überzogenen Sessel, bat sie, Platz zu nehmen, und legte ihr von den leckeren Speisen vor. Lange nötigen ließ sich die Landmaus nicht, sondern verschlang mit Heißhunger die ihr dargereichten Leckerbissen.

Ganz entzückt war sie davon und wollte eben in Lobsprüche ausbrechen, als sich plötzlich die Flügeltüren öffneten und eine Schar Diener hereinstürzte. um die Reste des Mahles zu verzehren.

Bestürzt und zitternd flohen beide Freundinnen, und die Landmaus, unbekannt in dem großen Hause, rettete sich noch mit Mühe in eine Ecke der Stube.

Kaum hatte sich die Dienerschaft entfernt, als sie auch schon wieder hervorkroch und noch vor Schrecken zitternd zu ihrer Freundin sprach:

„Lebe wohl! Einmal und nie wieder! Lieber will ich meine ärmliche Nahrung in Frieden genießen, als hier bei den ausgesuchtesten Speisen schwelgen und stets für mein Leben fürchten müssen."

Genügsamkeit und Zufriedenheit macht glücklicher als Reichtum und Überfluss unter großen Sorgen.[45]

---

[45] Aesop, Die Stadt- und die Landmaus.

DER TAPFERE ESEL

Eines Tages wurde es der Esel überdrüssig, jeden Tag Lasten zu tragen. So sagte er zu seinem Gefährten, dem Kamel: "He, Kamel, ich habe es satt, immer nur das Lasttier zu sein und schwere Dinge zu schleppen! Mein Rücken ist zerschunden. lass uns ausreißen und nach Herzenslust zu zweit in Freiheit leben." Das Kamel schwieg, überlegte eine Weile und sagte: "Es stimmt, wir haben einen schlechten Herrn, Futter gibt er uns wenig, Arbeit aber viel. Ich würde auch gerne flüchten, nur wie?" Der Esel hatte sich schon war ausgedacht: "Habe alles überlegt, keine Bange", sprach er. "Morgen wird uns unser Herr heißen, Salz in die Stadt zu bringen. Zuerst werden wir ihm gehorsam folgen, aber wenn es bergan geht, fallen wir beide auf der Stelle um und tun so, als hätten wir keine Kraft mehr. Wenn uns der Herr beschimpft und mit dem Stock schlägt, bleiben wir trotzdem liegen. Er wird müde und läuft nach Hause, um Hilfe zu holen. In dem Augenblick sind wir frei! Wir können laufen, wohin wir wollen, wenn uns die Beine nicht versagen." Da freute sich das Kamel: "Das hast du dir gut ausgedacht! So machen wir es!"

Am nächsten Morgen band der Herr die Säcke mit Salz auf und trieb die Tiere in die Stadt. Die Hälfte des Weges gingen sie wie immer: das Kamel voran, der Esel hinterdrein, hinter ihnen der Herr mit dem Stock. Als sie nun bergan liefen, schaute der Esel das Kamel an und miteinander fielen sie auf die Erde. Sie stellten sich kraftlos und taten so, als würden die Beine sie nicht mehr tragen. Der Herr fluchte: "Ach, ihr Biester, faules Gesindel! Sofort aufstehen, sonst setzt es Hiebe!" Die aber machten keinen Mucks und lagen da, als hörten sie nichts. Da wurde ihr Herr böse und schlug mit dem Stock auf sie ein. Neununddreißig Hiebe versetzte er dem Kamel - es rührte sich nicht. Als er aber zum vierzigsten Hieb ausholte, brüllte das Kamel los und sprang auf. "So so, wird ja Zeit!" sagte der Herr und nahm sich den Esel vor. Er schlug den Esel vierzig Mal, doch der stöhnte nicht, er schlug den Esel fünfzig Mal, der rührte sich nicht, er schlug den Esel sechzig Mal, der lag da, wie er gelegen hatte.

Da dachte der Herr, dass es schlimm um den Esel stand - der würde wohl sein Leben aushauchen. Das wäre ein großes Unglück, aber was sollte er tun? Er band die Last vom Esel ab, bürdete sie dem Kamel auf und setzte den Weg fort. Das Kamel schleppte sich nun mühsam voran und verfluchte den Esel: "Gemeiner Esel, deinetwegen wurde ich geschlagen und muss nun doppelte Last tragen!" Der Esel jedoch wartete, bis der Herr und das Kamel hinter dem Bergpass verschwanden, sprang auf und lief fort, so schnell ihn seine Beine trugen. Er lief drei Tage, lief über drei Berge und durch drei Täler und erreichte schließlich eine große Wiese an einem reißenden Fluss. Dem Esel gefiel die Wiese, hier wollte er bleiben.

In dieser Gegend herrschte aber schon viele Jahre lang ein mächtiger Tiger. Eines Tages entschloss sich der Tiger, seine Besitztümer in Augenschein zu nehmen. Er machte sich am Morgen auf den Weg und stieß am Mittag auf den Esel. Der Esel spazierte über die Wiese, wedelte mit dem Schwanz und rupfte Gras. Der Tiger dachte: Was ist das für ein Tier? Ein solches kam mir nie unter die Augen. Auch der Esel schaute auf den Tiger und wurde starr vor Schreck. Jetzt ist mein Ende gekommen! dachte er. Doch dann überlegte er: Bevor ich sterbe, zeige ich dem schrecklichen Tier, wie tapfer ich bin. Er stellte den Schwanz hoch, wackelte mit den Ohren, riss das Maul weit auf und brüllte aus voller Eselskehle. Dem Tiger wurde schwarz vor Augen. Er schreckte zurück und rannte, was er konnte, ohne sich umzuschauen.

Unterwegs begegnete ihm der Wolf. "Vor wem hast du dich so erschrocken, Gebieter?" - "Vor einem Tier, das schrecklicher als alles auf der Welt: Anstatt Ohren hat es Flügel, die Schnauze ist wie ein riesiger Schlund, und es brüllt so, dass die Erde wackelt und der Himmel zittert." - "Halt, halt, bist du nicht vielleicht dem Esel begegnet?" fragte der Wolf. "Bestimmt. Schon gut, morgen holen wir ihn uns mit dem Fangseil."

Am nächsten Tag besorgte sich der Wolf ein Fangseil, das eine Ende band er dem Tiger um den Hals, das andere um seinen eigenen, und so trabten sie zur Wiese. Der Wolf voran, der Tiger hinterdrein, stets auf Lauer. Der Esel sah sie von weitem kommen und machte das gleiche: den Schwanz hoch, das Maul auf und brüllte noch lauter als das vorige Mal. Der Tiger zum Wolf: "He, Gefährte, du willst mich wohl diesem Ungeheuer zum Fraß vorsetzen!" Damit zerrte er aus allen Kräften und riss dem Wolf den Kopf ab. Atemlos rannte der Tiger nach Hause.

Da kam eine Elster zu ihm geflogen. Sie plapperte, plauderte und fragte den Tiger nach allem aus, dann sagte sie: "Warte mal, ich fliege auf die Wiese und sehe nach, was dort für ein Tier umherläuft und was es treibt. Ich werde alles genau auskundschaften und dir melden." Damit flatterte die Elster zur Wiese. Der Esel sah sie von weitem, legte sich hin und streckte wie tot alle Viere von sich. Die Elster spähte herunter und freute sich. Das schreckliche Tier hatte sein Leben ausgehaucht! Nun ließ sie sich auf den Esel nieder, stolzierte auf ihm hin und her und überlegte, was sie dem Tiger von ihrem Sieg über dieses Ungeheuer vorlügen könnte. Da entdeckte sie zu ihrem Unglück in der Erde ein Weizenkorn, zielte schon mit ihrem Schnabel darauf, geriet aber mit dem Kopf dem Esel zwischen die Knie. Da wurde der Esel lebendig. Er klemmte die Elster zwischen seine Beine und schlug mit dem Schwanz auf sie ein, dass die Elsterfedern in alle Winde stoben. Zu guter Letzt versetzte er ihr noch eins mit dem Huf, und die Elster rollte an den Rand der Wiese.

Hier lag sie so lange, bis sie ein wenig zu sich kam, dann flog sie ächzend und stöhnend zurück. Von weitem rief sie dem Tiger zu: "Rette dich, so schnell du kannst! Das verfluchte Tier hat mich für immer zum Krüppel gemacht! Pass auf, dass es dir nicht ebenso ergeht." Der Tiger bekam es mit der Angst zu tun. Er packte seine Siebensachen und zog für immer in fremde Lande. Der tapfere Esel aber lebte zufrieden bis an sein Ende auf der großen Wiese.[46]

---

[46] R. Schick, Kasachische Volksmärchen, Moskau 1986. Erzählfassung: J. Wagner.

TIERE UND MENSCHEN

Es war einmal ein Mann, der für sich und die Seinen die Tiere des Waldes und Feldes fing in Fallen, damit sie Fleisch zu essen hatten. Er war sehr geschickt im Erfinden neuer Fallen; daher konnte er täglich Fleisch essen; denn sobald er eine Falle gestellt hatte, fing sich ein Tier darin.

Eines Tages, als er wieder hinging, um zu sehen, was sich in seiner Falle gefangen hatte, fand er einen Affen darin. Er wollte ihn töten; aber der Affe sprach: „Schone meiner, du Kind des Menschen; lass mir das Leben. Rette du mich vor dem Regen, so kann ich dich vielleicht vor der Sonne erretten."

Da nahm der Mann ihn aus der Falle und ließ ihn laufen. Ehe er aber in dem Dickicht der Bäume verschwand, sprach der Affe zu dem, der ihm das Leben geschenkt hatte:

„Höre meinen Rat! Tue keinem Menschen Gutes; denn unter den Menschen gibt es keine Dankbarkeit. Tust du einem heute Gutes, so erweist er dir morgen Böses."

Am folgenden Tage saß eine Schlange in der Falle. Da wollte der Mann hinlaufen und seine Freunde rufen, dass sie ihm helfen sollten, die Schlange zu töten.

Sie rief ihn aber zurück und sprach:

„Komm zurück, du Kind der Menschen, rufe sie nicht, die mich töten würden. Schenke mir heute das Leben; du weißt nicht, welchen Dienst ich dir vielleicht schon morgen erweisen kann. Nur Menschen vergelten Gutes mit Bösem."

Da ließ er ihr die Freiheit und das Leben.

Als der Mann am folgenden Tage zu seiner Falle kam, war ein alter Löwe darin. Den wollte er töten.

Da sagte der Löwe:

„Errette mich vor der Sonne, so will ich dich vor dem Regen schützen." Der Mann gab ihm die Freiheit. Ehe der Löwe fortlief, sagte er:

„Du hast mir Gutes erwiesen und sollst es nicht bereuen; denn ich bin kein Mensch. Menschen sind nie dankbar."

Am anderen Tage war ein Mensch in die Falle geraten, den befreite der Mann.

Kurze Zeit darauf brach im Lande eine Hungersnot aus. Als der Mann, welcher so gut verstand, Fallen zu stellen, sah, dass er und die Seinen bald arg würden hungern müssen, sprach er zu seiner Mutter:

„Backe mir sieben Kuchen. Dann will ich fortgehen und sehen, wo ich etwas Speise finden kann. Vielleicht kann ich etwas Wild erlegen oder in der Falle fangen; vielleicht finde ich Früchte."

Sie tat, wie er gebeten hatte, und er ging fort. Im Walde aber verirrte er sich, und es verging Tag um Tag und Nacht um Nacht, ohne dass er seinen Weg wiederfand. Von seinem Vorrat hatte der Mann schon sechs Kuchen verzehrt, und nur einer war ihm noch geblieben. Um ihn herum wurde der Wald immer dicker, die Wildnis immer undurchdringlicher. Was sollte daraus werden? Da begegnete ihm ein Affe.

„Wo gehst du hin, du Sohn der Menschen?" redete der den Verirrten an.

„Ich kann meinen Weg nicht finden; ich weiß nicht ein, noch aus!" antwortete der Mann.

„Ruhe dich hier aus", sagte der Affe. „Jetzt will ich dir

das Gute lohnen, was du mir tatest; denn ich bin es, den du aus der Falle ließest.". Da ging der Affe in die Gärten und Plantagen der Menschen und stahl reife Bananen und brachte sie dem Manne.

„Nimm und iss", sagte er zu ihm; „ich werde dir auch noch Wasser bringen."

Als nun der Mann sich geruht hatte und sein Durst und Hunger gestillt war, nahm er Abschied von dem Affen.

Einige Stunden später traf er einen Löwen. Sein Schreck war anfänglich groß, doch er konnte bald sagen, dass der Löwe ihm kein Leid tun wollte; denn er redete den Mann an und sprach:

„Woher kommst du, Sohn eines Menschen, und wohin willst du?"

Er antwortete:

„Ich habe mich im Walde verirrt und kann meinen Weg nicht finden."

„Setze dich nieder", sagte der Löwe, „und ruhe dich aus, dass ich dir vergelten kann, was du an mir getan hast; denn ich bin es, den du aus der Falle befreit hast. Jetzt will ich dir helfen."

Da ruhte der Mann sich aus, indessen der Löwe fortging und Wild zur Speise seines Schützlings fing.

„Iss dies", sagte er, als er zurückkam und zeigte dem Mann eine Stelle im Walde, wo er Feuer machen und das Fleisch rösten konnte. „Ich bin kein Mensch, deshalb bin ich dankbar für empfangene Guttaten."

Der Mann aß, und dann nahm er Abschied von dem Löwen.

Wieder war er eine weite Strecke Weges gewandert, da kam er auf eine große Plantage. Dort traf er ein altes Weib, die sprach ihn an:

„Wir haben bei uns einen Mann, der krank ist und den Tod fürchtet. Kannst du Medizin bereiten, so komm mit zu ihm."

Er antwortete:

„Ich kann es nicht!"

Auf der Plantage fand er einen tiefen Brunnen, und da er sah, dass Wasser darin war, wollte er trinken, in dem Augenblick aber, als er sich niederbückte, sah er eine große Schlange in dem Brunnen, die rief:

„Du Sohn eines Menschen, warte auf mich."

Die Schlange kam aus der Tiefe heraufgekrochen und sagte zu dem Manne:

„Entsinnst du dich meiner? Ich bin es, die du aus der Falle errettet hast. Damals sagte ich zu dir: Schütze mich vor dem Regen, so will ich dich vor der Sonne schützen! Meine Zeit ist gekommen; denn ich kann dir meine Dankbarkeit beweisen. Du sollst einsehen, dass du deine Wohltat nicht an einen Menschen ver-schwendet hast. Bringe mir deine Tasche, dass ich sie dir fülle mit Dingen, die dir von Nutzen sein werden."

Da gab der Mann ihr seine Tasche, und sie füllte sie mit goldenen und silbernen Ketten. Als sie gefüllt war, sprach die Schlange: „Nimm dies und sei freigie-big damit."

Dann wies sie ihm den Weg, den er einzuschlagen hatte, um nach seinem Hause zu kommen. Als er nahe dabei war, traf er den Mann, den er aus der Falle be-freit hatte. Der nahm ihm die Tasche ab und lud ihn zu sich in sein Haus, und seine Frau bereitete Speise für ihn. Während er davon aß, ging der Mann, dem er das Leben gerettet hatte, zum Sultan und sprach:

„Ein Fremder ist bei mir eingekehrt, aber er ist keines Menschen Sohn, sondern eine Schlange, und lebt in einem Brunnen. Er hat Macht, sich Gestalt zu geben, welche er will. Lass ihn festnehmen und nimm seine Tasche von ihm; die ist gefüllt mit Ketten aus Gold und aus Silber."

Der Sultan tat, wie ihm geraten war. Er ließ den Mann, der sich gegen Menschen und Tiere so freundlich gezeigt hatte, festnehmen und seine Hände binden; dann ließ er ihn in das Gefängnis werfen. Als er so gebunden und seiner Freiheit beraubt in dem Kerker saß, kam die große Schlange aus dem Brunnen und bedrohte die Stadt. Da fürchteten sich die Menschen und sagten zu dem Gefangenen:

„Sage der Schlange, sie soll uns verlassen!" Und sie ließen ihn frei und nahmen die Fesseln von ihm. Er ging zur Schlange und befahl ihr, fortzugehen. Die sprach:

„Nun du frei bist, werde ich gehen. Versprich aber, dass du mich rufst, sobald dir jemand ein Leid zufügen will."

Das versprach der Mann.

Fortan wurde er hochgehalten und geehrt im ganzen Lande. Und man fragte ihn:

„Warum hat der, dessen Gast du warst, dir Übles getan?"

Er erwiderte:

„Die Schlange, der Löwe und der Affe haben mich gewarnt vor den Wohltaten, die ich einem Menschen erweisen würde. Sie haben recht gehabt und die Wahrheit gesprochen, wenn sie sagten, dass von allen lebenden Wesen der Mensch das undankbarste ist.

Diesem Manne tat ich Gutes, und er hat es mir mit Bösem gelohnt."

Der Sultan, da er diese Worte erfuhr, befahl, dass man den Mann, der sie gesprochen hatte, zu ihm brächte. Und er befragte ihn um die Meinung dessen, was er gesagt hatte. Als er nun erfuhr, wie sich alles verhielt, wurde er sehr böse und sprach:

„Dieser Undankbare verdient, dass man ihn in eine Schlafmatte lege und er ertränkt werde; denn er hat Gutes mit Bösem belohnt."[47]

---

[47] T. von Held, Märchen und Sagen der afrikanischen Neger, Jena 1904, eine Suahelisage.

DER LÖWE, DER BÄR UND DER FUCHS

Ein Fuchs war einmal auf Jagd gegangen, einen guten Bissen zu erbeuten. Er war noch nicht lange unterwegs, als er ein lautes Streiten vernahm. Ein Bär schlug mit seinen Tatzen nach einem Löwen und fauchte ihn wütend an: "Ich war der erste beim Lamm. Die Beute gehört mir, ich habe das Tier gefangen." "Nein!" brüllte der Löwe zornig zurück. "Du lügst! Ich war als erster hier, und darum gehört die Beute mir." Er wehrte sich kräftig und schnappte mit seinen scharfen Zähnen nach dem Fell des Bären.
Der Löwe und der Bär kämpften verbissen miteinander. Dem Fuchs erschien der Kampf endlos zu sein. Nicht weit entfernt lag die Streitbeute achtlos am Boden und er musste sich zusammenreißen, dass er sich nicht gleich auf das tote Lamm stürzte. Aber er war klug und sagte sich: "Sind die Streitenden erst erschöpft, dann können sie mir nichts mehr anhaben." Als der Bär und der Löwe nach unerbittlichem Kampf endlich kraftlos zusammenbrachen, waren sie tatsächlich nicht mehr fähig, sich zu rühren. Der Fuchs schritt nun furchtlos an ihnen vorbei und holte sich gefahrlos das gute Stück. Er verneigte sich noch höflich und sagte: "Danke, meine Herren, sehr freundlich, wirklich sehr freundlich!" Lachend zog er mit seinem guten Beutestück ab.
Schau: Wenn zwei sich streiten, freut sich der Dritte.[48]

---

[48] Fabel von Äsop.

SONNE UND WIND

Die Sonne und der Wind stritten sich darüber, wer von ihnen der Stärkere sei. Der Wind sagte: „Ich bin stärker als du. Siehst du dort den alten Mann im Mantel? Ich wette, ich kann ihn schneller dazu bringen, seinen Mantel auszuziehen als du." Die Sonne schlüpfte hinter eine Wolke und der blies und blies. Doch je kräftiger er blies, umso fester hüllte sich der Mann in seinen Mantel. Schließlich ließ der Wind nach und gab auf. Da kam die Sonne hinter der Wolke hervor und lächelte freundlich auf den alten Mann hinunter. Bald schon trocknete er sich die Stirne vom Schweiß und zog seinen Mantel aus. Hierauf sagte die Sonne zum Wind: „Güte und Freundlichkeit sind oft stärker als Kraft und Gewalt."[49]

---

[49] Alte Fabel, Äsop zugeschrieben.

DAS SCHILFROHR UND DER ÖLBAUM

Ein Schilfrohr und ein Ölbaum wuchsen beide nicht weit entfernt voneinander. Eines Tages stritten sie darüber, wer von ihnen wohl der stärkere sei. „Meine Ruhe und Festigkeit ist unübertroffen", meinte der Ölbaum. Du dagegen schwankst beim leisesten Windchen hin und her. Das Schilfrohr hörte den Tadel, sagte aber nichts dazu.

Am anderen Tage kam ein Sturm auf. Der Baum stand ruhig, das Rohr neigte sich nach dem Wind und kam ganz schön in Bewegung. Da wurde der Sturm heftiger und heftiger. Das Rohr zitterte und flatterte im Wind. Der Baum aber stand unverrückt fest. Da, mit einem Male, hörte das Rohr ein Knacken und Brechen. Erst brachen die Äste, dann auch ein Teil vom Stamm. Als der Sturm sich wieder beruhigte, war das Schilfrohr unversehrt, es hatte dem Winde nachgegeben. Der Ölbaum aber war schwer beschädigt und durch die Gewalt des Sturmes gebrochen. Nie wieder tadelte er das kleine Schilfrohr.[50]

---

[50] Fabel von Äsop, nacherzählt vom Vf.

DER LÖWE UND DIE MAUS

Ein Löwe hielt Mittagsruhe unter einem schattigen Baum. In dieser Hitze döste er träge vor sich hin. Eine vorwitzige Maus sah ihn, dachte sich nichts dabei und lief auf ihm herum. Da erwachte der König der Tiere, packte die kleine Maus mit seinen gewaltigen Tatzen und wollte sie auf der Stelle verspeisen.

Die Maus flehte um ihr Leben: "Bitte, lieber König, ich wollte dich nicht stören. Ich habe gar nicht gewusst, wo ich bin. Bitte verschone mich und schenke mir mein Leben, ich will dir ewig dankbar sein. Wenn du mir die Freiheit gibst, werde ich dir auch einmal einen Dienst erweisen. Rufe mich, wenn du etwas brauchst!"

Der Löwe lachte nur. Da eine Maus für einen Löwen sowieso nur eine sehr kleine Mahlzeit ist, schenkte er ihr die Freiheit. Ihr Versprechen, dass sie ihm einmal das Leben retten könnte, nahm er nicht ernst.

Doch einige Wochen danach hörte die Maus in ihrem Loch das fürchterliche Gebrüll eines Löwen. Neugierig lief sie in die Richtung, aus der das Brüllen kam. Sie fand das große Tier in einem Netz gefangen, das Tierfänger aufgestellt hatten.

Sie eilte hin, und mit ihren scharfen Zähnen zernagte sie einige Knoten des Netzes. Schließlich konnte der Löwe mit seinen Tatzen das Netz zerreißen und sich befreien. Er bedankte sich herzlich bei ihr und sie wurden Freunde. [51]

---

[51] Fabel von Äsop, nacherzählt vom Vf.

DER EBER UND DER FUCHS

Ein Fuchs sah einen Eber seine Hauer an einem Eichstamme wetzen und fragte ihn, was er da mache, da er doch keine Not, keinen Feind vor sich sehe?

„Wohl wahr", antwortete der Eber, „aber gerade deswegen rüste ich mich zum Streit; denn wenn der Feind da ist, dann ist es Zeit zum Kampf, nicht mehr Zeit zum Zähnewetzen."

Bereite dich im Glück auf das künftige Unglück; sammle und rüste in guten Tagen auf die schlimmeren.[52]

---

[52] Fabel von Aesop.

DIE MÜCKE UND DAS PFERD

Das Pferd graste auf der Weide, als die Mücke von der
Wiese her zu ihm geflogen kam. Das Pferd achtete
nicht auf die Mücke, aber die Mücke fragte: „He,
Fremder, siehst du mich denn gar nicht?" — „Jetzt
sehe ich dich wohl", erwiderte das Pferd. Die Mücke
betrachtete das Pferd aufmerksam von allen Seiten —
den Schwanz, den Rücken, die Hufe, die Beine, den
Körper, die Ohren. Dann wiegte sie verwundert den
Kopf und sagte: „Ei, ei, mein Lieber, wie groß du
bist." — „Groß bin ich, ja", nickte das Pferd einverstanden mit dem Kopf. „Und du hast wohl auch viel
Kraft, ja?" fragte die Mücke. „Kraft habe ich, ja, viel
Kraft", erwiderte das Pferd. "Die Fliegen werden dir
auch nichts anhaben können?" — „Ach was, die Fliegen, die tun mir gar nichts." — „Und die Bremsen...,
die kommen wohl auch nicht gegen dich an?" — „Ach
was, die Bremsen, die schon gar nicht." Nun plusterte
sich die Mücke auf und brüstete sich: „Du kannst so
groß sein, wie du willst, du kannst so stark sein, wie
du willst — das Mückenvolk, das macht dir den Garaus, als ob es dich gar nicht gegeben hätte!" — „Ach
was, wo denkst du hin!" sagte das Pferd. „Doch, doch,
es macht dir den Garaus!" versicherte die Mücke.
So stritten sich das Pferd und die Mücke eine ganze
Stunde und noch eine zweite — keiner von beiden
wollte nachgeben. Schließlich meinte das Pferd: „Lassen wir den Streit und die leeren Worte — wir werden
unsere Kräfte messen!" — „Du hast recht, wir werden
unsere Kräfte messen", sprach die Mücke und war
einverstanden. Sie flog auf und rief mit heller Stimme:

„Hallo, ihr Mücken, fliegt alle herbei! Hallo, ihr Mücken, fliegt alle herbei!" Oh, wie die Mücken da angeflogen kamen! Sie kamen aus den Birkenwäldern und aus den Fichtenwäldern, aus den Hochmoorwäldern und aus den Sümpfen! Kaum waren sie angelangt, setzten sie sich alle schnurstracks auf das Pferd.

Als keine Mücke mehr kam, fragte das Pferd über die Schulter: „Sind nun alle da?" — „Alle sind da, alle sind da!" erwiderte der Anführer der Mücken. „Haben auch alle Platz?" fragte das Pferd. „Alle, alle haben Platz!" erwiderte wiederum der Anführer der Mücken. Nun legte sich das Pferd nieder und begann sich zu wälzen. Es wälzte und wälzte sich in einem fort und hörte nicht eher auf, bis das ganze Mückenheer tot war.

Eine einzige Mücke kam mit dem Leben davon. Taumelnd stieg sie in die Luft, flog zum Anführer der Mücken, stand stramm und meldete, die Hacken zusammenschlagend: „Wir haben den Feind umgelegt! Hätten wir nur noch vier Mann gehabt, die dem Pferd die Beine festgehalten hätten — ich war schon dabei, ihm das Fell abzuziehen." — „Brav, brav!" lobte der Anführer der Mücken und sauste wie der Blitz in den Wald, um allen anderen Käfern und Insekten die freudige Nachricht zu überbringen: ‚Das Mückenvolk hat das Pferd besiegt, und ab heute ist das Mückenvolk das mächtigste Volk in der ganzen Welt!'[53]

[53] A. Baer, Der gläserne Berg, Estnische Märchen, Berlin 1971.

DIE GESCHICHTE VOM HONIGTROPFEN

Ein Jägersmann pflegte in der Steppe die wilden Tiere zu jagen, und da kam er eines Tages zu einer Höhle im Gebirge und fand in ihr ein Loch voll Bienenhonig. Er schöpfte etwas von jenem Honig in einen Schlauch, den er bei sich trug, legte ihn über die Schulter und trug ihn in die Stadt; ihm folgte sein Jagdhund, ein Tier, das ihm lieb und wert war. Beim Laden eines Ölhändlers blieb der Jäger stehen und bot ihm den Honig zum Kaufe an; da kaufte ihn der Mann im Laden. Dann öffnete er den Schlauch und ließ den Honig auslaufen, um ihn zu besehen. Dabei fiel ein Honigtropfen aus dem Schlauch auf die Erde. Nun sammelten sich die Fliegen um ihn, und auf die schoss ein Vogel herab.

Der Ölhändler aber hatte eine Katze, und die sprang auf den Vogel los; als der Jagdhund die Katze sah, stürzte er sich auf sie und biss sie tot. Da sprang der Ölhändler auf den Jagdhund los und schlug ihn tot; und zuletzt erhob sich der Jäger wider den Ölhändler und erschlug ihn. Nun gehörte der Ölhändler in das eine Dorf, der Jäger aber in ein anderes. Und als die Bewohner der beiden Dörfer die Kunde vernahmen, griffen sie zu Wehr und Waffen und erhoben sich im Zorne wider einander. Die beiden Schlachtreihen prallten zusammen, und das Schwert wütete lange unter ihnen, bis dass viel Volks gefallen war, so viele, dass nur Allah der Erhabene ihre Zahl kennt.[54]

---

[54] Aus dem Erzählzyklus Geschichten aus 1001 Nacht, C. Ott, 1001 Nacht, Aus dem Arabischen ..., Zürich 2012, S.157.

WARUM HUND UND KATZE FEINDE SIND

Ein Mann und eine Frau besaßen einen goldenen
Ring. Es war ein Glücksring, und wer ihn besaß, litt
niemals Not. Der goldene Ring aber sah sehr un-
scheinbar aus, der Mann und die Frau kannten seine
Kräfte nicht und verkauften ihn um wenig Geld.

Kaum aber hatten sie den Ring fortgegeben, als das
Unglück begann. Schließlich waren sie so arm gewor-
den, dass sie nicht mehr wussten, was sie am nächsten
Tag essen sollten.

„Seit der Ring fort ist, hat das Glück unser Haus verlassen", seufzte der Mann. „Es muss ein Glücksring
gewesen sein", sagte die Frau, „hätten wir ihn doch
niemals verkauft!" Und sie sah traurig auf ihre beiden
Haustiere, einen Hund und eine Katze, die mit ihnen
Hunger leiden mussten.

Hund und Katze aber hatten die Worte der Menschen
verstanden. „Was sollen wir tun?" fragte die Katze.
„Unsere Herrin war immer gut zu uns", sagte der
Hund. „Und wir hatten stets genug zu fressen",
schnurrte die Katze. Die beiden Tiere saßen ratlos ne-
beneinander. Schließlich sagte der Hund: „Wir wollen
den Ring unserem Herrn und unserer Herrin wieder
zurückbringen."

„Aber er liegt wohlverwahrt bei seinem neuen Besitzer, in einen festen Kasten eingeschlossen", sagte die
Katze.

„Ich weiß, was wir tun müssen", meinte der Hund. „Fang du eine Maus, und versprich ihr, sie am Leben zu lassen, wenn sie ein Loch in den Kasten nagt und den Ring herausholt."

Dieser Rat gefiel der Katze. Sie fing eine Maus, und mit der gefangenen Maus im Maul wanderten Hund und Katze zum Haus des neuen Besitzers des Ringes. Der Weg war weit und sie kamen zu einem großen Fluss. Als die Katze den großen Fluss sah, setzte sie sich niedergeschlagen ans Ufer, denn sie konnte nicht schwimmen. Aber der Hund wusste wieder Rat. „Spring auf meinen Rücken", befahl er, „ich will mit dir hinüberschwimmen." So geschah es. Die Katze lief mit der Maus im Maul zum Haus, in dem der Kasten mit dem Ring stand. „Wenn du willst, dass ich dich nicht fresse", sagte die Katze zur Maus, „so nage geschwind ein Loch in die Kastentür und bring mir den Ring, der darin liegt." Die Maus nagte eifrig, schlüpfte durch das Loch und kam mit dem Ring wieder heraus. Nun nahm die Katze den Ring ins Maul und lief zurück zum Fluss. Der Hund hatte dort auf sie gewartet, sie sprang auf seinen Rücken, und er trug sie über den Strom.

Vergnügt und fröhlich wanderten sie dann nach Hause. Die Katze war so ungeduldig, dass sie über alle Zäune sprang, über die Dächer kletterte und den Hund weit zurückließ, der um jedes Haus und um jeden Garten einen Bogen machen musste. So kam die Katze früher heim als der Hund, lief zu der Herrin und legte ihr den Ring in den Schoß. „Sieh", rief die

Frau ihrem Mann zu, „unsere Katze hat uns den Glücksring zurückgebracht! Das gute Tier! Wir wollen ihr immer genug zu fressen geben und sie pflegen wie unser eigenes Kind."

Nach einiger Zeit kam auch der Hund, müde und staubbedeckt vom weiten Weg. „Du achtloses Tier!" rief die Frau. „Wo hast du dich herumgetrieben? Warum hast du der treuen Katze nicht geholfen, die uns den Glücksring zurückgebracht hat?" Sie schalt und schlug ihn, und die Katze saß beim Herd, schnurrte und sagte kein Wort. Da wurde der Hund böse auf die Katze, und er vergaß niemals, dass sie ihn um seinen Lohn betrogen hatte.

Seit jener Zeit sind Hund und Katze einander Feind.[55]

---

[55] Richard Wilhelm, Chinesische Volksmärchen, Leipzig 1914.

ANHANG

WEITERE LITERATUR VOM VERFASSER

Verlag M. u.N. Boesche

- Himmel und Erde – Hommage an das Leben, Gedichte, 2017

Verlag Dr. Kovac:

- Meditationen über Gelassenheit – Der Zugang des Menschen zu seinem Wesen nach einem Feldweggespräch Martin Heideggers und den deutschen Predigten Meister Eckharts, *1995*

Verlag Tao.de:

- Die mystische Dimension der Märchen, 2014
- Initiation und Liebe in den Zaubermärchen, 2014

Verlag Epubli Berlin:

- Wunder in Märchen und biblischen Geschichten, mit H.C. Heim, Neuauflage 2019

- Weihnachtserzählungen ohne Krippe und Kind - 30 Geschichten mit vorchristlicher Tradition und Gedichten für die Rauhnächte mit H.C. Heim, 2018
- Kraftorte der Natur im Spiegel der Volksmärchen mit Heidi Christa Heim, Neuedition 2021
- Volksmärchen und Schamanismus - Als die Menschen noch mit Tieren und Bäumen sprachen, 2018
- Märchen und biblische Geschichten, Neuauflage 2019
- Die Mystik und die Volksmärchen, 2019
- Frau Holle, Gedichte und Geschichten zur verhüllten Göttin, 2019
- Über den Umgang mit Kraftorten, Neuauflage 2019
- Die Würde der Tiere, Gedichte und Texte, 2015
- Mein Freund der Baum – Baumgedichte, 2017
- Issa – Haikus der Empathie, 2014
- Indian Spirit, 2014
- Geburtstagsgedichte zu den runden und besonderen Geburtstagen, Neuauflage 2019
- Odin und das versunkene spirituelle Erbe unserer Vorfahren, Eine dichterische Reise 2019
- Am Fuß des Weltenbaums - Eine dichterische Reise zu unseren germanisch-keltischen Wurzeln, 2019
- Die beste Arznei - Heilkräfte in Volksmärchen, Weisheit und Poesie, 2021
- Erdbeeren im Winter, Wetter und Klima in den Volksmärchen, 2021

- Märchen und Mythos, Alte Kunde, stiller Zauber, Neue Wege, 2021
- Mythische Hintergrunde unserer Volksmärchen, 2022
- Drachen – Märchen, Mythen, Mächte, Berlin 2022

S.: https://www.epubli.de/shop/autor/Jürgen-Wagner/6794

Der Autor

Dr. Jürgen Wagner *1957, Studium der Theologie und Philosophie. Promotion über Martin Heidegger und Meister Eckhart. Zen-Training in Deutschland, Holland und USA. Evangelischer Pfarrer und Kursleiter. Seit 2007 freier Autor, Schriftsteller, Musiker. Veröffentlichungen in Lyrik, Märchen und spirituellen Themen. Homepage: www.liederoase.de.